そのひと手間を、誰かが見てくれている。

職人的生き方のススメ

谷彰宏

HIRO NAKATANI

JN061496

そのひと本間を
誰かが
見つめている
中谷彰宏

あきひろ

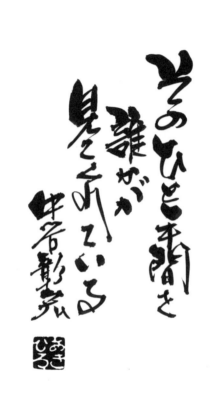

この本は、
3人のために書きました。

1 — 今している仕事が面白くない人。

2 — 面白い仕事を探している人。

3 — ワクワクする人生を生きたいと思っている人。

はじめに

職人とは、職業ではなく、生き方だ。

職人というのは、職業ではなく生き方です。

それぞれの仕事を通して、自分を、より磨いていく生き方をしているのが職人です。

私の実家は、昼は染物屋、夜はスナックをしていました。

「染物屋とスナックの仕事を継がなくて申し訳なかったかな」

という気持ちが半分あります。

実際は、作家をしながら職人的な仕事を継いでいたり、塾をしながらスナック的なことを継いでいると感じます。

私の親は、将来、職人として仕事を通して自分を磨き、人の役に立つことをするように子供のころから教えてくれていたのです。

私は、１０００冊を超える本を書いています。

「それは何から学んだのですか」と聞かれたら、実際はほとんど親から教わったことばかりです。

ある時、両親からも「そんなこと、どこで習ったん？」と聞かれ、

「それはパパとママから習ったんですよ」

「そんなこと教えたかな」

と、教えている側は意外に気づいていませんでした。

教えようとして教えているわけではないからです。

父親と母親も、おじいさん、おばあさんから同じように生活を通して教わったものがあったのです。

今している仕事が面白くないと感じることもあるでしょう。

面白い仕事を探したり、ワクワクした人生を見つけたいと思う人は、自分を磨く仕事の仕方を見つけることです。

そうすれば、どんな仕事をしても面白いと感じられるのです。

目次

気づきポイント

01

職人は、ムチャ振りを喜ぶ。ムチャ振りで、仲よくなる。ムチャ振りは、禅の公案だ。

「職人さんは頑固で、自分のやり方を押し通し、お客様の注文を受けない」という世の中の一般的なイメージがあります。

実際は違います。

私が博報堂の中で一番楽しかったのは、ラジオＣＭをつくる仕事です。

通常、ラジオＣＭは手間がかかるわりには収益にあまりならないので、外注することが多いのです。

テレビＣＭをつくるのは１００人単位の大勢でする仕事ですが、ラジオＣＭは小人数でする仕事です。

私はモノづくりをしたかったので、クリエイティブに対してのストレスを発散する場として、ラジオCMをつくりました。

最終的には、録音・編集をしてくれるミキサーさんと一番多くの仕事をしました。

私がずっと一緒に仕事をしていた辻洌さんは博報堂の社員ですが、私の父親ぐらいの年齢の人でした。

海外ロケも、2人で行くと親子と間違えられていました。

辻さんは、だいぶたってから「最初に中谷さんに会った時、この人は変な注文をする人だなと感じた」と言っていました。

それは決して怒っているわけではありません。

職人は、難しい注文、今までにしたことのない注文、変な注文を喜びます。

「そんなこと、できるわけないじゃない」と言いながら、どうしたらできるかを考え始めるのが職人です。

広告会社に限らず、すべての業界の中で悩んでいる新入社員は「上司がムチャ振りをする」と言います。

ムチャ振りは決していじめではなく、禅の公案のようなものです。

たとえば、「片方の手で音を鳴らしなさい」という禅の公案があります。

これは答えが決まっていません。

自分なりにどういう答えを導き出せるかが禅の公案です。

10年間に10問しか出されません。

問題数が少ないのも大変です。

毎年同じ問題を出されて、「今年はどんな答えを出せるか」と考えます。

陶芸家の川喜田半泥子は、禅の師・大禅大師に「片方の手で音を鳴らしなさい」と言われ、答えに行き詰まりました。

とうとう、いつもオシャレで、スーツを着て陶芸をしている半泥子が素っ裸になって裸踊りをしました。

大禅大師は「それでよろしい」と言いました。

ムチャ振りをしている側は、それに対して「わかりません」「できません」と逃げるのではなく、なんらかの自分の答えを出すことを求めています。

これが禅の公案であり、会社の中で行われているムチャ振りです。

ムチャ振りをする関係の中で、お互いが仲よくなっていくのです。

サラリーマン時代、ニューヨークのビルの屋上でコマーシャルの撮影をしている時に、兄弟子から「中谷、仕事してるところを、ここからじゃなくて隣のビルから撮ってくれ」と言われました。

それは隣のビルの許可を取らないとできないことです。

それを「おまえ、なんとかしろ」と、ムチャ振りされたのです。

ニューヨークで「缶コーヒーが飲みたい」と言われたこともあります。

当時、缶コーヒーは日本にしか売っていませんでした。

それでも、私は缶コーヒーを探しまわりました。

今振り返ると、**ムチャ振りの中で、自分が将来、撮影をすることになった時にムリな交渉をどうするか、見つけられないものをどう見つけてくるかということを教えてくれていたのだと感じます。**

ムチャ振りをされるのは、決して嫌われているわけではありません。

職人がムリ難題を言ってきたり、職人にムリ難題を言うのは、職人と仲よくなる1つのコツなのです。

職人的に生きるために

ムチャ振りを、楽しもう。

気づきポイント

02

他人の道具に、さわらない。

メモをパソコンやスマホでする時代になって、意外に多いのが「すみません、先生、ペンを借ります」と言う人です。

これは、職人の世界ではない行為です。

私の実家は染物屋で、さらしを裁つハサミがありました。

ハサミは使う人のクセがつくので、ほかの人が使えなくなります。

ハサミは凄く繊細なものです。

ハサミの刃のスキ間のぐあいで、モノがきれいに切れるか曲がってしまうかが決まります。

誰かが使うと、その人のクセが必ずその道具に移ります。

その典型的な例は筆です。

私は習字の塾をしている時、「なぜその細い筆でそんなに太さが出せるのか、ちょっとその筆を使わせてください」と言われたら、貸した筆はその人にあげています。

人が使った筆はクセがついてしまって使えないからです。


通常、プロ野球では使った後のバットは、バットボーイが片づけます。

イチロー選手は、バットボーイには片づけさせません。

アメリカでは、グラブの手入れは専門の人に任せます。

イチロー選手は、グラブも自分で手入れをします。

人の手が触れたものは、自分の魂のものではなくなってしまうというこだわりがあるからです。


職人は、道具にこだわることが大切です。

何げなしに「ボールペンを貸してください」と言えるのは、道具にこだわっていな

い人です。

自分のものを誰かに使われた時に、それが平気という感覚になっているから、人のものでも平気で借ります。

いい人ではありますが、道具に対してのこだわりがありません。

セールスマンは、ボールペンを2本持っています。

契約書にサインしてもらう時、お客様がボールペンを持っていないことがあるからです。

そのために、ポケットの内側に自分用とお客様用のボールペンを2本差して使い分けているのです。

職人的に
生きるために

他人のボールペンを、使わない。

気づきポイント

03

定規より、自分の目を信じる。

サラリーマン時代、アートディレクターの先輩がいました。

ポスターのデザインをしていたその先輩から、「中谷、このコピーの文字の位置が曲がっていないか調べて」と言われました。

私が定規を出して当てようとすると、「いやいや、曲がってないか見てくれと言ってるんだよ。定規ではかってくれとは言ってないんだよな」と叱られました。

ふだんは優しい先輩ですが、その時は珍しく厳しい語調でした。

コピーは、すでに定規でまっすぐ置いてあったのです。

日本のコピーには、漢字・片仮名・平仮名・数字・アルファベットが入ります。

そうすると、文字の間隔は一定ではありません。

たとえば、漢字の多いところや平仮名の多いところがあると、傾いたように見えることがあります。

それをわざと曲げてまっすぐに見えるように調節するのがアートディレクターの仕事です。

そのために先輩は、「どう見えるか見てみてくれ」と言ったのです。

最初から定規ではかってきちんと置いて、その後、自分で調整して、ほかの人が見たらどうかまで確認するという仕事の流れを先輩は教えてくれたのです。

これは、**「おまえが仕事をする時、機械に頼るな。自分の目で見てどうかを見きわめろ」という1つの教えです。**

自分の仕事ができるだけでなく、先輩から教わったことを後輩に伝えていくことが職人の大切な仕事です。

職人の最大の作品は、次の職人をつくることです。

そうして先祖代々培い、受け継がれてきたバトンをリレーしていきます。

たった1人の天才がつくるものではなく、世代をまたいだ分業制で偉大な作品をつくるのです。

それが1代途切れただけで、何百年とつないできたものもなくなってしまいます。

日本には、老舗と呼ばれるものが世界で一番多いです。

老舗は、店ののれんにあるのではありません。

1人1人の職人という働く人間の中にあるのです。


私は消防大学校で、まもなく消防署長になる人たちに研修をしています。

その中で、簡単な数字の引算をさせます。

数字の引算は、足算・掛算・割算よりもはるかに難しいです。

小学校の問題でもできないことがあります。

答えを考える時、紙に書いて計算する人がいます。

実際、現場に行くと紙に書けない状況はたくさんあります。

現代社会はコンピュータ技術もＡＩもどんどん進んでいます。目の前のカウンターがカウントしてくれる状態になったり、機械が発達すればするほど、自分自身の感覚は衰えていきます。

消防官も、職人です。

火災のような危機管理の現場に行った時は、機械に頼るのではなく、自分の体を使って何かをする必要があります。

職人の１つの定義として、機械に頼らず、最後は自分の体を使って仕事をするという感覚を残しておくことが大切なのです。

職人的に生きるために

機械に、頼らない。

気づきポイント

04

ラスト1秒まで、よくなるなら修正する。机の並べ方に、こだわる。

私は講演に呼ばれると、会場の机の並べ方を細かく直します。

会場で見にくいのは一番後ろの席だけではありません。

1列目の一番端の席です。

まず、この席からホワイトボードが見えるかどうかを確認します。

ホワイトボードは離すと見やすいです。

それでも、私はホワイトボードをできるだけみんなに近づけます。

そのために机の角度を少しつけて、すり鉢状のコロシアムスタイルに並べかえるのです。

主催者は講演の写真を撮って何かに掲載する時があります。

盛り上がっているような会場の写真を残すことによって、「楽しそうなことをしているな」という印象になります。

主催者がその会を持続していく時に、次の講演者でもお客様が増えるようにそういう構図をつくるのです。

講演者の後ろには、座っている人から正面の一番上のところに「第○回　△△講演会」という横断幕がよくあります。

その位置が高すぎることが多いのです。

その横断幕を入れて写真を撮ると、人間が凄く小さくてスカスカの絵になります。

どこから写真を撮るかによって、「もうちょっと下げよう」と横断幕の位置も修正します。

講演者は現場入りすると、「こちらの方でお休みください」と言われます。

私は休む前に「会場をチェックしましょう」と言って、会場のレイアウトをできるだけよくすることを考えます。

本来、私は呼ばれて話せばいいだけで、そんなことまでする必要はありません。

私は広告代理店でイベントを演出したり、主催した経験から、気になってしようがないから、しなくていいことまで直してしまうのです。

一見、職人は口うるさかったり、細かいことにこだわります。
少しでもよくなることなら、自分の仕事で頼まれている範囲でなくてもどんどん言えばいいのです。

一緒に仕事をしているのが職人的な人なら、部署外の人が言ったアドバイス、アイデアをどんどん取り入れられます。
「それはあなたの仕事ではないし、私の仕事でもないので聞かない」となると、その人は職人的な仕事をしていません。

職人の仕事は、分業のチーム制です。

1人でしている仕事はありません。
たとえ人間国宝的な偉い先生がしている仕事でも、工芸は分業制です。
分業は、それぞれの人がそれぞれの仕事に責任を持ってすることだけではありません。

ほかの人の仕事でも、「もっとこうした方がいい」ということを提案し、提案されたら受け入れるという姿勢です。


私が一番長くついた萩原師匠はとても気配りの細やかな人でした。

下にいる人間にとっては、めんどくさいです。

師匠は、研修の先生もしていました。

たまに研修を受けた人から「中谷さんはあの人の下で働いて、年がら年中、研修を受けられていいですね」と言われると、私は「年に1回の研修で聞くならいいですよ。それを365日聞いている側になってくださいよ」と文句を言っていました。

今から思うと、とてもありがたい経験でした。

今は師匠の言ったお小言がすべて生かされています。

「親の意見と茄子の花は千に一つも無駄はない」ということわざと同じです。

上司の言うことに、ムダなことは1つもありません。


その時は耳に痛いことでも、後から必ず効いてくるので、上司の言うことは聞いて

おいた方が得です。

私は上司から「CMをつくる時には、最後の1秒までよくなることがあったら変えろ」とずっと言われていました。

プレゼンに出す前のプレゼンボードは、プレゼン室に入る前に直すこともあります。

スポンサープレゼンでとってきたCMを見せる時は、直前でも直します。

オンエアの直前でも直していたのは、「最後の1秒までよくなるなら直せ」という上司の教えがあったからです。

これが職人的なスタイルです。

舞台芸術家の朝倉摂さんが『情熱大陸』に出ていました。

『情熱大陸』は職人の生き方を紹介するので、見た人は熱くなるのです。

エンディングのひと言は、ディレクターが一番こだわっているところです。

ナレーションが終わった後、最後のひと言にその人のエッセンスが入っています。

『プロフェッショナル　仕事の流儀』も職人を紹介する番組です。

『プロフェッショナル　仕事の流儀』の場合は、「プロフェッショナルとは……」とまとめます。

『情熱大陸』のエンディングのまとめは、職人がポロリとこぼす言葉なのです。

舞台芸術の監督の朝倉摂さんは、『情熱大陸』で、自分の舞台のできあがりを見ながら「素晴らしいできあがりになった。ああ、いい舞台になった」と言っていました。

最後に、本番前の通し稽古を見て、「完璧」と言いながらも、「もう直しちゃダメかな」と言っていたのが朝倉摂さんの凄さを感じたひと言でした。

「完璧だ」と言った後に、まだ直そうとするのが職人なのです。

職人的に生きるために

1ミリに、こだわろう。

気づきポイント

05

仕事場に、子供を連れて行く。

私は染物屋で育ちました。

染物屋は分業制で、近所のいろいろな仕事をしているところへ荷物を運んだり、受け取りに行ったりします。

当時、私はマツダファミリアのバンの助手席に乗って、小学生のころから取引先のところへいつも行っていました。

工場ではなく、大阪市内の販売会社に行く時も一緒に連れて行かれました。

小学生の子供を仕事場に連れて行くのは、サラリーマンの世界ではありえないことです。

連れてきてもプラスは何もなく、邪魔になるだけで、真剣に仕事をしていないと捉えられがちです。

仕事場に連れて行かれた私は、「ここにもこうして働いている大人たちがいる」「この仕事はこうするんだ」と、子供心に凄く勉強になりました。

世の中にはいろいろな仕事や職場があることにも気づきました。

通常、小学生の動く範囲は学校と家庭と近所しかありません。

もちろん、家が職場の人は、仕事をしている姿を家族に見せられます。

仕事によっては、職場が1カ所で完結してそのままお客様のところに行くだけでなく、一緒に協力して働いている人たちがいるのです。

私の家の仕事は、染物屋の中でも地場産業の注染《ちゅうせん》でした。

今は伝統工芸に指定されています。

注染について教えられたことは1つもありませんが、手伝わされることによって仕事を覚えました。

私が子供の時に手伝わされたのは、発送する荷札書きです。

父親がお手本を1つ書いてくれて、同じように荷札を書いたのです。

当時はまだ宅急便がなく、荷札をつけて国鉄の駅に持っていき、そこから運んでもらう形でした。

父親が荒縄で締めた段ボールの荷物に細い針金で荷札をつけます。

荷札は個々の荷物につけなければなりません。

プリントもないので、何枚も同じことを書きます。

父親は字がうまかったので、私は荷札をお習字のような気持ちで書いてました。

大人の仕事を手伝わせてもらうのは、子供心に楽しい作業でした。


その時に手伝ったのは、能登の七尾に荷物を送る仕事です。

能登の七尾地方は染物が盛んな地域で、一緒に仕事をする人たちが大勢いました。

私はその後、長谷川等伯が七尾出身で染物業の家で育ったと聞いた時に、「七尾は子供の時によく住所を書いていた」と思い出しました。

子供が書く住所は、近所の同じ郵便番号のところに年賀状を出したり、抽せんに何かを送るのが精いっぱいです。

「能登の七尾は行ったことがないけれども、どんなところだろう。そんな離れたところの人とも仕事をしているんだ」ということが、自分の中ではうれしかったです。

あらゆる職人のところで、一旦サラリーマンになった息子が、親が倒れたことをキッカケに家を継いでいることが多くあります。

それは、知らず知らずのうちに家の仕事を手伝いながら覚えていたから継げるのです。


刀鍛冶の職人の川崎晶平さんは、もともとサラリーマンをしていました。

親も刀鍛冶ではなく、刀鍛冶に憧れてサラリーマンを辞めました。

刀鍛冶には火を起こす炭を切る仕事があります。

師匠の小学生の娘さんに、「お父さんの炭はそろっているけど、あなたの炭はそろっていない」と言わ

れて衝撃を受けたそうです。

その娘さんは刀鍛冶を継ぐために教わっていなくても、手伝いながら覚えていたのです。

仕事を覚える側は、「教えてください」と言うのではなく、積極的に手伝いながら技術を身につけることが大切なのです。

職人的に生きるために

教えずに、手伝わせよう。

気づきポイント

06

ハサミの扱いは、厳しく。火の扱いは、厳しく。

私の父親はめったに怒ることがありませんでした。

怒られた時はよく覚えています。

「ハサミの扱い」に、うるさかったです。

使ってはいけないということより、「ハサミを下に置くな」と、さんざん教えられました。

そのおかげで、今も私は包丁を出しっ放しにされると凄くイヤです。

業務用のハサミは、切らなくても切れるのです。

ハサミの刃に何かが触れるだけでスパンと切れます。

下にハサミを置いておくと、机の上にあるものと思っている人が知らずに踏んでしまうことで大ケガをします。

ハサミを下に置いた人はケガをしなくても、それを知らない人が大ケガをする可能性が0・01％でもあるようなことはしてはいけないという教えです。


「火の扱い」にもうるさかったです。

親はタバコを吸いました。

タバコの火の始末に関しては厳しかったです。

火事を出したら1軒ではすまないからです。

火事を出した責任は7代解消できないと言われています。

1軒だけ燃えるのではなく、火の始末をきちんとしている家まで類焼が及ぶということです。

父親からは、人に迷惑をかけないことと、人に優しくすることを教わりました。

ただ自分だけがきちんとしていれば大丈夫なのではありません。

父親は、「ほかの人に迷惑がかかるんだよ」ということを厳しく教えてくれていたのです。

職人的に
生きるために

自分にも、人にも、
優しくしよう。

気づきポイント

07

豪遊しても、ひもくずは捨てない。

私の父親は大阪の人間でも、東京と同じように「宵越しの金は持たない」という感覚で夜に豪遊をしていました。

父親は仕事で、段ボールに包んだものを荒縄でキュッキュッと縛っていました。

余った端の部分は稲刈りで使う鎌で切って残しておきます。

縄の切れ端を捨てようとすると、「コラ、捨てるな」と言われます。

一見すると、飲みに行って新地で豪遊する人としては矛盾しています。

ふだんは、一斗缶に千円札をギューギューに押し込んで持っていき、「チップだから」と配って歩いていました。

支払いがある時は、そこに現金を入れておきます。

そんなことをしている人が、3センチの短いひもを残すのにはロジックがあります。使ったお金は、「そのお店の収入になる」→「従業員の給料になる」→「給料でモノを買う」というサイクルでまわります。

それがめぐりめぐって、自分の染物を買ってもらえるのです。「お金はとめずに循環させなければならない。だから使うんだ」というロジックです。

豪遊をしていた将軍の徳川家斉《いえなり》は、世間には「ぜいたくだ」と思われています。「お金をとめてはダメだ。庶民にお金をまわすために使わなければいけない」という論理は、言いわけではなかったのです。

一方、短い荒縄は捨てたら終わりです。

それはムダづかいです。

短いものをつないで1本の荒縄にすると、また使って生かすことができます。

今で言う「エコ」です。

職人は、循環にならないやり方をしないのです。

今でこそ「再生可能」という言葉が新しい発想のように言われていますが、職人の世界は、常に「どうしたら再生可能か」と考えています。

循環できるものは無限に循環させます。

職人は、「自分でとめない」「ムダにしない」という2つの循環的な考え方を持っているのです。

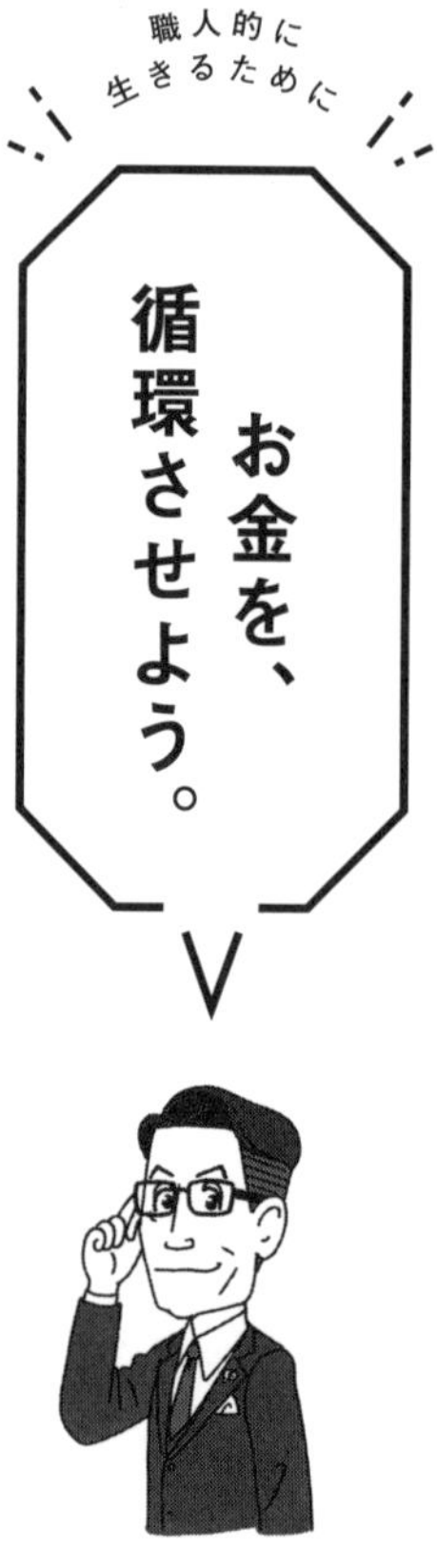

気づきポイント

08

常に新しいことを考えている。職人は、アバンギャルドだ。

ある時、私の父親と一緒に仕事をしていた本家の伯父さんから、「お茶を飲みに来い」と呼ばれて行きました。

「おまえ、どこに住んでるんだ？」

「表参道です」

「骨董《こっとう》通りは近いのか？」

「歩いて30秒です」

「おまえ、骨董屋をしないか」

「勘弁してくださいよ」

「ただの骨董屋じゃない。まわりに骨董を置いて、お茶を飲みながら見て、説明して、

『これだったらうちにあってもいいかな』と、買うこともできる骨董カフェをしないか」と提案されました。

今から振り返ると、本家の伯父さんは頭がかたいように感じていたけれども、そんなビジネスライクのことも考えていたのです。

実際は、職人はアバンギャルドです。

京都は職人の町ですが、一方で西洋料理が多く、日本一パンを食べる町でもあります。

職人は常に何か新しいことにチャレンジしたいという気持ちを持っています。

新しいこと、みんなが反対するようなことをあえてします。

世間ではあまのじゃくと言われるようなことでも、チャレンジする精神を持っているのが職人的な生き方です。

職人的な生き方をしようとするならば、「反対されるようなこと」をしていくことです。

ＩＴ企業は、世間からすると職人と真逆のところにいるイメージがあります。

私はＩＴ企業の人たちと会うと、みんな職人的な性格を持っているように感じます。

ベンチャーはすべて新しいことにチャレンジしているので、まさに職人的です。

職人は、めんどくさいことでも仕事を断りません。

たとえば、ピアノを初めて日本に持ってきたのはシーボルトです。

その後、明治維新で横浜が開港して、外国人がピアノを持ってきたり、宣教師がオルガンを持ってきました。

当時、オルガンが故障しても日本にオルガンメーカーはありませんでした。

そこで、なんでも修理するような近所のお店に持っていきました。

「これ、直してほしいんですけど」と頼まれて、「なんだよこれ。初めて見るんだけど」と言いながら、修理するだけでなく、同じものをもう1個つくってしまうのが日本の職人の凄さです。

これが日本楽器製造株式会社をつくった山葉寅楠《やまはとらくす》です。

後に、現在のヤマハ楽器となり、ピアノをつくるもとになっています。

鉄砲が日本の種子島に入って、堺に伝わった時に、「こんなものができないか」と言われて「やってみます」と、刀鍛冶が鉄砲をつくってしまう感覚と同じです。
職人は「やったことないけど、頼まれたんだからやってみたい」と思うのです。

自転車はそもそも日本にはなく、開国した後に外国人が持ち込んだものです。最初は貸自転車が流行りました。

小学生の時代に自転車の乗り方を練習していない大人が借りると、いきなり乗って、どこかにぶつけてハンドルが曲がったりします。

どこかの店に持っていくと、「なんだよ、これ」と言いながらも直して、やがて自分で自転車をつくってしまいます。

私の母方のおじいさんは、淡路島で自転車屋をしていました。

20人ぐらいのスタッフを抱えて、自転車の製造販売をするお店です。

今は、販売するお店と修理するお店とつくるお店が分かれています。

本来、職人はそういう分け方をあまりしません。

「これは自分の本業じゃない」という仕事が来た時に、それを断らないで受けるとこ

ろに次のチャンスが生まれます。

自分で「こういうものなら売れるんじゃないか」と考えてつくるのではありません。「これ、直りませんかね」と言われた時に、「いや、うちはそれやってない」と断らないで、来た仕事をひたすら受けていくのが職人の楽しみになっているのです。

職人的に
生きるために

反対されることを、しよう。

気づきポイント

09

失敗込みで、楽しんでいる。

兵庫県立美術館でコシノヒロコさんが60年の回顧展をした時、親戚の私はゲストトークで呼んでいただきました。

その時、ヒロコ姉ちゃんが、綾子お母ちゃんを主人公にしたＮＨＫの２０１１年のテレビドラマ『カーネーション』のＤＶＤも持っているのに、再放送を見て泣いていると言っていました。

私はそれをキッカケに、あの１５０話をもう一度見直してみたのです。

そうすると、名言がたくさんありました。

１話に１個あるぐらい、名言の塊でした。

私は子供のころに、生きるとは何か、商売とは何かということを、花登筐《はなとこばこ》さんの『細うで繁盛記』などで学びました。

「ああいうドラマはなくなったよね」と思っていたら、まさにそのドラマを見ることができました。

しかも、私が実際にナマで会っていた綾子お母ちゃんが主人公で、リアルにひしひしと感じられるドラマです。

その中の名言で私の好きなセリフは、綾子お母ちゃんのセリフだけではありません。ああいうドラマには、どうしようもないんだけれども憎めない男というキャラクターが必ず出てきます。

『カーネーション』では、北村といううさん臭い男が登場します。

北村は、いつも暴走して勝手なことをして、考えが浅くて失敗します。

そんな時、綾子お母ちゃんが北村に、「それみたことか」と言います。

これは、日常でもよく聞く言葉です。

視聴者も、「この男はどうしようもないな。それみたことか」と思っていると、北村が言葉を返すのです。

それが「ババアの決まり文句やの。それみたことか、それみたことかって、おまえはそれを言うて一生生きていけ」というセリフです。

私の中では、このカウンターパンチはビックリする言葉でした。

「それ、みたことか」と言う側は、チャレンジしなかった人です。

「それ、みたことか」と言われる側は、チャレンジする人なのです。

近藤正臣さんが演じる組合長が「あいつ、どうしようもない男だけどな、なんかええとこもあんねん」と言って、いつも紹介すると、綾子お母ちゃんが断り切れないで面倒を見ます。

組合長は、北村の先を見る目にどこか気づいていて、失敗しても失敗しても切り捨てませんでした。

職人的生き方は、「それみたことか」と言われる側、失敗した時に笑われる側にまわります。

笑う側と笑われる側がいた時に、笑う側にまわっておきたいというのは多くの人間が持つ気持ちです。

職人には、「失敗していいから、チャレンジして笑われる側になろうよ。笑う側になったら終わりだな」というチャレンジ精神があるのです。

職人的に
生きるために

失敗を笑う側より、
笑われる側になろう。

気づきポイント

10

買わされない。むしろ、売ってもらえない。

私は、職人から買います。

銀座の大和屋シャツ店は、職人さんのお店で、このお店はもともと横浜にあって、関東大震災で銀座に来ました。

創業者・石川清右衛門は、横浜に来た外国人から「シャツをつくってほしい」と言われて、持ってきたシャツを日本人で初めて見ました。

そのシャツを解体して、どういう構造になっているかを見て、同じものをつくりました。

創業者ご本人は生涯、和服で通しました。

私は、「シャツをつくりたいんです」と言う人がいると、「オーダーメイドのシャツは菱沼さんに話を聞いてみたら」と大和屋シャツ店を紹介します。

店長の菱沼三彦さんには、「本人に会って、つくるかどうか決めてください」と伝えます。

私が大和屋シャツ店を勧めると、「そんなところに行ったら買わされるんじゃないですか」と心配する人がいます。

その心配は間違いです。

むしろ売ってもらえません。

職人は、誰でもかれでも売ったりしません。

仕事は選ばないけれども、お客様は選びます。

これが選ぶ・選ばれる関係です。

職人は、お客様から選んでもらいたいと思います。

「この商品なら誰からでも買う」という人には売りたくありません。

「この商品なら誰にでも売る」ということもありません。

「誰でもいいから売れればいい」とは考えません。

自分の仕事を愛しているからです。

「この仕事をきちんと味わって評価できる人にだけ売りたい」と考えています。

「買わされたらどうしよう」というのは、自分が誰にでも売っている人です。


時々、職人の仕事を評価できなかったり、値切ったりする人がいます。

納品まで3週間ぐらいかかると聞いて、「もっと早くできないんですか」と言う人は、「この近所にデパートがありまして、そこでは今日持って帰れます。そちら、いいお店ですよ」と、勧められます。

これは、会って3分で決まります。

お店に入ってきて、二言、三言話しているうちに、「この人はうちのお客様ではないな」と判断されます。

実際にお店に行き、「2時間も説教されました」と言う中谷塾生がいました。
それは、合格したということです。

通常、不合格なら、3分で近所のお店を紹介されます。

現代は、お金を出せばなんでも買える時代になりました。

その中で、お金を出しても売ってもらえるとは限らない職人の世界があることを肝に銘じておく必要があります。

便利な世の中になり、頼んだモノが今日届くということだけでなく、誰が頼んでも買えるというのが情報化社会です。

職人の世界では、誰が頼むのかで変わります。
しかも、頼む場合、最低2時間は話をしなければなりません。

洋服の場合は、1回、仮縫いをする必要があります。

私が銀座壱番館で燕尾服をつくった時は、仮縫いが5回ありました。

まず違う生地で仮縫いをしながら1着つくります。

それから、本生地で仮縫いをしながらつくりました。

これが本来の職人の納得いく仕事のやり方です。

お店に来る人を見ていると「もっと早くできないの？」と言う人がいます。

待っている時間も楽しめるのが職人の仕事を楽しめる人です。

私の父親はスナックをしていて、

「『あの人は、お金を払うから来てほしくない』というお客様と、『お金はいらないから来てほしい』というお客様がいる」

と言っていました。

お客様も、2通りに分かれるのです。

今は、頼むとその場で持って帰れたり、1時間後には届くという時代になってきました。

早くできるものも出てくるからこそ、時間をかける職人の世界もあると知っておくことが大切なのです。

職人的に
生きるために

お金を出せば売ってもらえると、勘違いしない。

気づきポイント

11

テストを通らないと、つきあえない。取っつきにくい人ほど、壁を超えると優しい。

職人は、取っつきにくいイメージがあります。

それは、**「職人は取っつきにくいイメージがあるから」と、あるキャラを演じるという1つのサービス精神です。**

テレビの職人特集で取材に行くと、職人的なキャラをサービスとして演じているところもあります。

職人は、すべてのお客様にサービスするとは限りません。

お客様を選ぶ時にテストがあります。

お世話になっている職人の1人で、シューシャイン（靴磨き）の井上源太郎さんという達人がいます。

源さんはもともと今のキャピタル東急に変わる前にヒルトン東京の下で、日本の政財界の大物や世界のＶＩＰの靴を磨いてきた人です。

私は拙著『ホテル王になろう』の取材で源さんと知り合いました。

その後ずっとおつきあいをしていただいています。

今、源さんはホテルオークラにいます。

「中谷さん、どこのホテルに行けばいいですか」と聞かれた時、私は「オークラで靴磨きの源さんがいるから、磨いてもらって話を聞いてみるといいですよ」と、アドバイスします。

そうすると、「磨いてもらいました。いいお話を伺いました」と言う人と、「なんかお忙しいそうだったので断られました」と言う人に分かれます。

実際、中谷塾生を連れて、私が磨いてもらいながら源さんに、「みんなが源さんに磨いてもらうためにはどうしたらいいですか」と聞きました。

源さんは、「じゃ、ちょっと皆さんの靴を拝見させてください」と言いました。

塾生は靴を見られるのがわかっているので自分で磨いてきていました。

源さんはみんなの靴を見て、「磨き方をお教えしますから自分で磨いてください」と言いました。

「自分で磨け。私は磨かない」と断られたのです。


この時、一緒に行った大半の人がテストに落ちてへこんでいました。

そんな中で、後に磨いてもらった男がいました。

彼も同じように断られているのに平気で、また源さんのところに行きました。

また断られても行き続けました。

彼は能天気なキョトンとした性格で落ち込まず、その壁をクリアしたのです。

「一旦断っておいて、それでも来る人は磨こう」と、断ることが1つのテストになっています。

断られて、「なんだ、うわ手に出やがって」と思う人は、自分で磨けばいいのです。

「これはコツコツ来なければいけないな。ほかのお客様を磨きながら話しているのを横で聞いて勉強しよう」と思うのはリスペクトがあります。

職人に仕事を頼んで断られた人は、プライドが高くて、断られた自分がみっともないと思うと、リスペクトよりも自分のプライドを優先してしまいます。

職人の世界は、リスペクトの関係性があります。

自分のプライドはどうでもいいから、相手の仕事や生き方に対してリスペクトをどれだけ持っているかが大切です。

相手をリスペクトする人は、断られても「また行こう」と思えるのです。

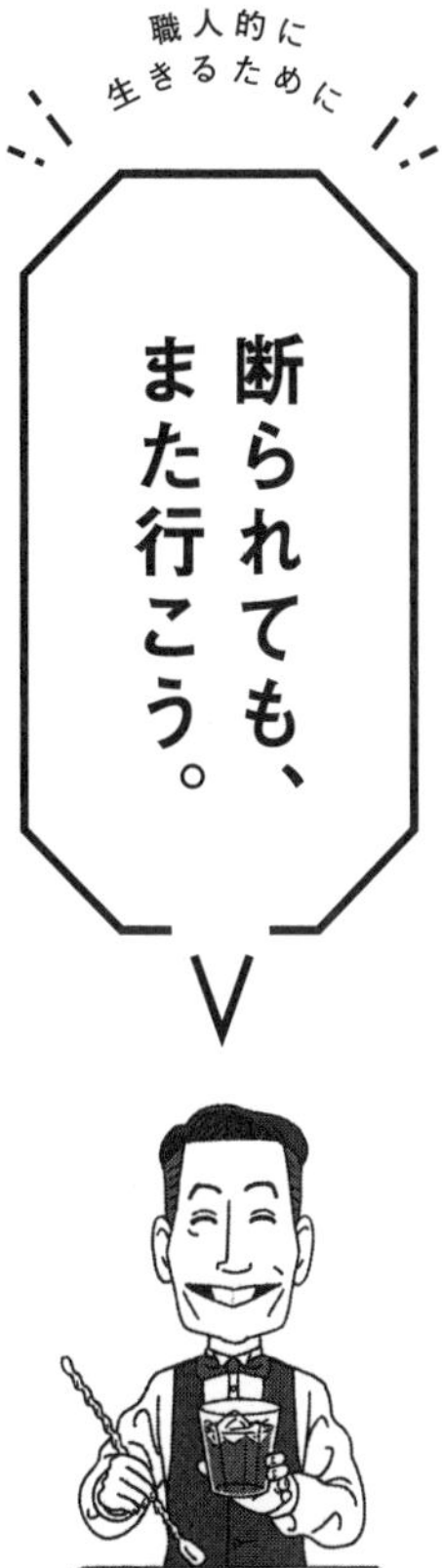
職人的に
生きるために
断られても、
また行こう。

気づきポイント

12

注意してはくれない。

ラジオCMには、効果音が入ります。

私はラジオCMの制作で、効果音を大内勇吉さんとつくっていました。

大内さんは、プロレスラーのような大きい体で、江戸弁ですが優しい人です。

効果音にはコーヒーを注ぐ音もあります。

コーヒーのCMなら、前回使ったものを使いまわすことは可能です。

大内さんが「また新たにコーヒーを入れてみたんですけど」「いろいろ入れ方を変えてやってみたんですけど」と、20通りも30通りもつくってくれました。

当時はデジタルではなく、オープンリールをまわしながら、「せーの」で一気にとって編集をします。

たとえば60秒のラジオCMをつくる時は、59・5秒で音を消す必要があります。そうしないと、次のCMとの継ぎ目がぶつかってしまいます。

60秒でCMをつくると、向こうで勝手に切られてしまうことがあります。

ラジオCMをつくる職人は、そうならないように時計を見ながら59・5秒にすることを求められます。


私は新人のころ、ミキサーの辻さんと効果音の大内さんと「せーの」で始めて、59・5秒ピッタリにおさめることができました。

一番最後は「コーヒーギフトはAGF」というサウンドロゴです。

59・5秒でカットするのが私の仕事です。

私が「よし、できた」と思っていると、大内さんと辻さんが、

「もう1回行こうか」

「そうですね」

と、話していました。

私は「ドンピシャ正解だったのになぜ?」と不思議でした。

実際は余韻が切れていたのです。

Fの「フ」の余韻は延ばす音ではないけれども、そこの余韻が切れると耳によくないのです。

私には「なぜもう1回か」という理由を教えてくれませんでした。

私にとっておじいさんとお父さんに当たるようなベテランの2人が、なんの迷いもなく、「今のはやり直しだね」と言ったのです。


大内さんは私に、「兄ちゃん、若いな。元気があっていい」と言いました。

「元気がある」という言い方は、裏を返せば「余韻を待ちきれないな」と叱っている言葉です。

ほとんどの人は叱られてへこみますが、実際は叱ってもらえないことの方が圧倒的に多いです。

職人は叱っているイメージがありますが、一番大切なところは叱らず、本人が気づ

くまで教えてくれません。

教えなければならないようなことは、結局、その人の身につきません。

いかに自分で気づくかです。

本当は「今、余韻切れたよ」と叱った方がラクです。

それでも、大内さんは私が気づくまでつきあいながら育ててくれていたのです。

職人的に
生きるために

**注意されないことに、
気づこう。**

気づきポイント

13

「わかる人には、わかる」を基準にする。

私が生まれたころ、私の家はお寿司屋さんでした。

そもそもおばさんの家がお寿司屋さんで、そこで手伝いをしている母親と常連客の父親が知り合って結婚しました。

両親はお寿司に関係があって、父親は板前さんを雇ってお寿司屋さんを始めました。

ひょっとしたら、私は染物屋の前に、お寿司屋さんを継ぐ可能性があったのです。


お寿司屋さんも、職人の世界です。

お寿司はネタを全部売り切れるわけではありません。

残ったネタは、次の日のランチにまわして安く売ることがあります。

通常、お寿司のネタの新鮮度は長く続かないけれども、1日でダメになるわけではありません。

何日使うかは店によって分かれるところです。

たいていは、オーナーが「もうちょっと使え」と言って、板前さんが「これはムリ」と言います。

私の家は逆で、もともとお寿司屋さんで働いていた板前さんが「これはまだ使える」と言っても、父親は「捨てろ」と言います。

板前さんは「これ捨てていたら、寿司屋として経営が成り立たないですよ」と、立場が逆の話をしているわけです。

働いている人が経営の心配をしているのです。

板前さんが「これを捨てていたら、寿司屋の経営は絶対成り立たない」と言うと、父親は「だったらやめよう」と言いました。

父親のお店にはプロ野球の選手がお客様で来ていました。

プロ野球の選手はおいしいものを食べています。

「このネタは何日か使っているな」と一発で見抜きます。

「そんな仕事を自分はやりたくない」と考えるのが職人の仕事です。

「こんなの気づく人は一握りですよ」という時に、一握りの厳しい人を基準に置くかどうかで仕事の仕方が分かれます。

私の家がお寿司屋さんを続けなかったのは、「一番厳しいお客様を基準に仕事をしろ」という父親の教えがあったからです。


私はダンスを習い始める時、「中谷さん、目的は何にしましょうか」と聞かれて、「踊る前に、この人はちゃんとした先生に習った人だと、わかる人にはわかるようになりたい」と言いました。

シロウトが見て、うまいかどうかはどうでもいいのです。

一流の人が見た時に、ちゃんとした先生に習った人かどうか気づけるような立ち居ふるまいになりたいというのを目標にしました。

これも、基準を下ではなく上に置いています。

ダンスを習いに来た初心者で、自分のダンスを動画にアップしている人がいます。

私は、「よくやるな。恥ずかしくないのかな」と思います。

ダンスを知らない人は、「いいね！」を押すから、平気なのです。

私は「一流の人がどう思うか」を基準に置いているので、先生にほめてもらうのが一番好きです。

仲間にほめられることは基準にしません。

自分を教えてくれる先生がほめてくれたり、「わかる人がわかる」を基準にします。


私は『3分でダンスが踊れた。』という本を書きました。

ある時、私が教わっている花岡浩司先生のダンス教室に業界の大御所の先生から電話がかかってきました。

私は、電話に出た方の話し方が変わったので、偉い人から電話がかかってきたことが一瞬でわかりました。

私の『3分でダンスが踊れた。』という本を読んで、大御所が「あの本はいい本だね」と、わざわざ電話をかけてくれたそうです。

その大御所は、めったに人をほめないらしいのです。

「これは凄くうれしい」と、花岡先生も喜んでくれました。

基準は、一番厳しい人に置くことが大切なのです。

職人的に生きるために

一番厳しいお客様を基準に置こう。

気づきポイント

14

お客様で行っても、サービスマンでいる。スナックのお客様の職人は、自分の都合で帰らない。

私はホテルやレストランに行くと、よくお店の人に間違われます。

「トイレはどこですか?」と聞かれたり、エレベーターに乗っていると「○階」と言われます。

「バー、どこ?」と聞かれると、「この言い方は失礼だな」と思いながらも、「6階で1回降りていただいて、エレベーターを乗りかえて4階です」と案内をします。

「直接行かないの？」と言われたら、私はお客様なのに「すみません」と謝ります。

クロークで荷物を待っている時は、札を渡されることがあります。

この時もクロークの中に入って場所を聞いて、そのお客様にお渡しします。

ホテルのスタッフが、私が手伝っていることになんら違和感ないくらい溶け込んでいます。

お客様に恥をかかせないためです。


サービスマンや職人は、どこにいても、9時‐5時だから職人で、それ以外は職人ではないということはありません。


職人の世界は、サービスする側とサービスを受ける側がどちらも職人です。

そうでないと成り立ちません。

私の実家はスナックで、スナックに来るお客様も職人です。

いつ帰るかは、お客様の都合で決めません。

混んできたら帰るというのは、俗に「マナー」と言います。

大阪は商人の町と思われていますが、実際は職人の町です。

職人が売るところを捉えて商人と言っているだけで、大半は職人です。

大阪では、混んできてお店の人が「すみません、お並びいただけますか」と言うと、お客様が「ここ、あきますよ」と声をかけます。

味わおうと思って残っていたコーヒーも、ガブッと一口で飲んで「ここ、どうぞ」と立ちます。

電車の中で席を譲るように、食べ物屋さんでも後から来た人に席を譲るのがお客様としての職人です。

東京では、それがなかなかありません。

「行列だね」と言いながら、平気でスマホをさわったり、タバコを吸ったりします。

大阪では、お客さんが他にいない時は帰り

ません。

お客様が外からスナックをのぞいて、お店の中に誰もいないと入りにくいからです。

入りにくい状態にしないために、次のお客様が来るまで入り口から見える席に座り、安心して入ってこられるような客寄せになろうとします。

お店の人も、「あの人は次のお客様が来るまで、用事があって忙しいのに店にいてくれている」とわかります。

こういう無言のやりとりは、同志としてお店に協力しているのです。

職人的に
生きるために

無人にならないように、帰ろう。

気づきポイント

15

撮影は、お弁当の手配で決まる。

CMを撮る時、手伝いのダンドリで一番の勝負はお弁当です。

お弁当は1種類では飽きます。

天丼とカツ丼のように、必ず2種類用意します。

撮影は毎日あるので、働いている人たちは昨日食べたものと同じものは食べたくないと思ったり、好みもあります。

天丼とカツ丼を何個ずつにするかという配分は難しいです。

これをドンピシャに合わせるのがお弁当の手配の勝負どころです。

だんだんうまくなると、ピッタリ合わせられます。

もちろん、自分の食べたいものは先にとりません。

慣れてくると、自分の食べたいものが最後の1個で残るようになるのです。


社長秘書をしている人は、お得意先に行く時にお土産を持っていきます。

シバジムを経営しているブランドプロデューサーの柴田陽子さんは、元WDI社長（現KCJ GROUP／キッザニア会長）住谷栄之資さんの社長秘書をしていた時に、お持たせの達人でした。

今度は柴田さん自身が社長になって、社員に「お客様のところに行くから、お持たせを何か買ってきて」と頼みました。

社員が「買ってきました」と持っていくと、「これはみんなで食べておいて」と返されることがあります。

そのお持たせになんの工夫もひねりもないからです。

もちろん買ってきた人も、ブラッと買いに行ったわけではありません。

お客様によっては、お持たせを年がら年中もらっている人もいます。

お持たせによって、その人の仕事の力量がわかります。

「ネットで調べて、お持たせの人気ランキング上位のものを持ってきたんだな」ということもわかってしまいます。

柴田陽子さんの場合は、休みの日にひたすら探しまわっています。

ふだんから自分で買ったりしているから、急に必要になった時でも、お店の人に「すみません、今1個いるんですけど」と分けてもらえる関係になれるのです。

ふだんから休みの日にどういうふうに仕事の準備をしているかで分かれます。

消防署でも、休みの日に所轄内の細い道を自分の車でウロウロまわっている人がいます。

消防車はとめる場所が大切です。

早く現場に駆けつけても、とめる場所を探すのにけっこう時間をとられることがあります。

普通の車は入れても、消防車は大きいので「ここの角は曲がれないから入れない」となることがあります。

いざ火事が発生してからとめる場所を探すのでは間に合いません。

日常は、いつ火災が発生するかわからないので消防車でそんなことをしている時間はありません。

オフの日に、給料にも何もならなくても、「ここは消防車が曲がれるか。一方通行じゃないか」と調べてまわるのです。

職人芸は、宅配便のドライバーの人もしています。

「ここにとめると邪魔になって、近所からクレームが出るんじゃないか」と、宅配便の車をとめる場所を探しておくのです。

雨の日に宅配便の荷物が濡れていないのは、ドライバーさんが計算して、雨風が吹いている時に風下側に入り口が来るように車をとめているからです。

これも職人芸です。

雨の日なのにモノが濡れていないとか、当たり前のことが当たり前にできているということは、職人が何か工夫をしているのです。

凄いことが起きているのではありません。

当たり前になっていることがすでに凄いことなのです。

職人的に
生きるために

「お持たせ」を、ふだんから探しておこう。

気づきポイント

16

学校の中で、職人芸を学べる。ガリ版刷りを、3学年80クラス分に分ける。

職人芸は、学校の中にもあります。
先生だけではなく生徒です。

私が中学校で生徒会長をしていて、月1回出す生徒会新聞を毎週出していました。

私は書くのが好きなので、みんなに発表する場ができて幸せでした。

当時はまだコピー機がなく、ガリ版印刷で、鉄筆で書いたものを印刷します。

これはインクの具合が難しくて、1回インクがボタッと落ちてしまうとそのインクをとるまでに何枚もムダ刷りをしなければなりません。

ガリ版刷りで読みやすいのは、先生がテストでつくっていた書体です。

私が中学生のころは、ニュータウンができて、生徒数が爆発的に増えた時代でした。1クラス45人が、私の学年は17クラス、1つ下の学年は30クラス、2つ下の学年は33クラス、全部で80クラスありました。

45枚×80に分けないといけないのです。

これは生徒会の仲間でします。

月曜日の朝礼で配るために、日曜日に生徒会4人のスタッフに来てもらって、みんなで一緒にやりました。

45枚ずつに数えて分ける作業は難しいです。

これを早くしないと、日が暮れて、夜になっても帰れません。

生徒が3000人以上いてよかったのは、印刷所の息子がいたことです。

彼に「数を数える作業ってあるの?」と聞いたら、「うちの父親はこうやっているな」と教えてくれました。

握りこぶしを紙の上に押しつけ、グリッとねじると扇状に開きます。
それを5・10・15・20……と数えるのが一番速いのです。
それ以来、画期的に枚数を分ける速さが進化しました。

職人は、仲間がさりげなくしている職人芸に気づきます。

「あの人はこういう技をしているな」と見抜いたり、ほかの人の工夫に気づけるのです。

職人的に
生きるために

仲間の職人芸に、気づこう。

気づきポイント

17

大経営者は、職人だ。

アサヒビール社長の樋口廣太郎さんから、「『あなたのお客様になりたい』という本を読んだ。ちょっと話を聞きたい」と、本社に呼ばれました。

樋口さんは元住友銀行副頭取で、万年2位だったアサヒビールを1位に押し上げた人です。

そこで「あなたはサービス業をしていないのに、なんでこんな本を書けるの?」と聞かれました。

私が「実家はスナックをしているので、その教えです」と言うと、「じゃ、今度行くわ。店の名前、なんていうの？」と言われました。

私は心配だから実家に連絡して、「来ることはないかもしれないけれども、アサヒの樋口社長が突然来て失礼のないように」と言うと、母親は朝日新聞社の人だと思っていて、この時点ですでに危なかったです。


その後、樋口社長に聞くと、「行ったけど、休んどったぞ」と言われました。

年中無休だった実家のスナックは、高齢になって日曜日は休みにしていました。

口約束だけではなかったのです。

樋口社長は、1軒1軒のスナックをまわって、「アサヒ、よろしくお願いします」と営業していた人です。

スーパードライという大ヒット商品があったからアサヒがキリンを逆転したというのは思い込みにすぎません。

実際は、社長がみずから1軒1軒スナックをまわるという地道な作業をしていたのです。

樋口社長に会った時に、もう1つ、「会いたい人がいたら、誰でも会わせてやる」と言われました。

政財界の有名な人を紹介することが若者への協力であり、勉強になることだと思われていて、ありがたい言葉でした。

その時、私は「偉い人より、職人さんに会いたいです」と言いました。

これは、ある意味失礼な発言とも言えます。

企業のお偉いさんとか有名人の名前を出せば、「今、電話したるわ」と、何か仕事をつくることができた可能性もあります。

私自身、「あの時、会いたい有名な人を挙げておけばよかったな」と、いっとき後悔しました。

大企業の社長はみんな職人的です。

企業の経営者だから職人ではないことはありません。

コツコツ本を読んで、面白いと思えば著者を呼んで話を聞き、店をやっていると聞けばそのお店に足を運ぶというのは、職人がすることです。

今から振り返ると、**樋口社長自身が職人だったのです。**

職人的に生きるために

実際に、足を運ぼう。

気づきポイント

18

お客様ではなく、同志として、つきあう。

私はホテルの仕事をしているので、いろいろな人からよく「○○のホテルは5つ星ホテルというけど、実際行ってみるとたいしたことありませんね」と言われることがあります。

それは「お客様として行っちゃったな」と感じます。

ホテルに来る人は、

① お客様

② 同志

の2通りがあります。

お客様はVIPになりたいのです。

お店で常連になり、特別扱いを受けたい人は、なんとかして楽しませてもらいたいと考えます。

楽しませてもらえなかった時は、「期待したけどガッカリした」「いまいちだった」とコメントします。

それに対して、同志の人は、ホテルで何か面白いところがないか探します。

「ホテルの人が気づいていない面白いところをホテルの人に教えたい」「もっとここを面白くできる」と考えます。

自分が楽しみたいではなく、ホテルの人を喜ばせたいと思ってホテルに来ます。

お客様の姿勢でいるか、サービスマン側の姿勢でいるかで分かれるのです。

職人は、どこに行っても自分がお客様の側ではなく、そこから何かを学びます。

教えてもらったことに対しては、気づいたことをお返しするのが本当の職人です。

対談する場合は、

① 対談しながら、いつも新しい発見をする人
② いつも話していることをそのまま話す人

の2通りに分かれます。

対談をして楽しいのは、対談しながら新しい発見をする人です。

いつも話していることをそのまま話す人は面白くありません。

たとえば、荒俣宏先生は、話すと一呼吸で6時間半の雑談をします。

私の話が刺激になり、荒俣先生が「面白い。ということはこういうことかな」と、博覧強記《はくらんきょうき》の頭の中から新しいことがどんどん出てきます。

すでに知っていることをただ語るのではありません。

荒俣先生は膨大な知識があるにもかかわらず、そこから新しい何かを生み出します。

経営者も、いつも話していることをそのままテープレコーダーのように話す人と、相手の話を聞いて、「ということは、こういうこともできるな」「ああいうこともできるな」と、アイデアを導き出す人がいます。

常にその場で何かをつくり出していくのが職人なのです。

職人的に生きるために

楽しませてもらおうではなく、楽しみ方を見つけよう。

気づきポイント

19

その後の人の仕事を、ラクにする。

職人というと、1人で座布団の上に座ってわらじを編んでいるような個人作業と思うのは勘違いです。

実際は、そんな職人はいません。

職人はすべて分業制で、集団で何かをつくります。

そうしてつくられた作品を工芸品と言います。

ヨーロッパでは、美術品より1段下に置かれています。

日本の美意識の原点は、集団で何かをつくるものに対しての評価がきわめて高いです。琳派と呼ばれる尾形光琳にしても、その前の俵屋宗達や本阿弥光悦にしても、みんな職業集団です。

個人の著名性よりも集団で何かをつくることを常に優先しました。

今、サラリーマンでも、サービス業でも、自分1人で完結する仕事はありません。たとえば、ナイフを片づける人、洗う人、運ぶ人、出す人がいる時、誰か1人がナイフに指紋をつけたら、それで終わりです。

間に入っている人たちがどんなに気をつけて指紋がつかないようにしても、誰か1人が指紋をつけると、そのナイフはクレームになります。

常に自分の後にも仕事をする人がいると意識することです。

自分がしようとすることの前にも、それまでの人が何か気をつけて仕事をしているということを考える必要があります。

まじめで一生懸命な人が職人になりきれないというパターンがあります。

もっとクオリティーを上げたいからと粘るがゆえに、時間をとりすぎて、後ろの人の仕事の時間を奪ってしまうのです。

私は、本を書く作業も職人の仕事だと考えています。

その後には印刷所もあり、校正者・編集者・カバーのデザインや装丁をする人もいます。

最後は販売の人たちもいて、その他すべての人たちとの共同作業です。

私はゲラの直しをする時は必ず、当日に返します。

これをレンタルビデオ風に「当日返し」と呼んでいます。

後の人の時間を奪わないためです。

通常、ゲラの直しは2週間とります。

2週間とっても、たいていの人は机の上に置きっぱなしで手をつけていません。

それでは、結局ほかの人の時間を2週間奪っていることになります。

駅伝と同じで、自分が遅れた分は誰かへの圧倒的なシワ寄せになってしまうということを常に職人は感じています。

個人戦と駅伝では、駅伝の方がはるかにしんどいです。

自分が１秒でも稼がなければいけない、１秒でも速く走るとほかの人が少しでもラクになると考えるのが職人の仕事なのです。

職人的に
生きるために

自分の後に仕事をする人のことを考えよう。

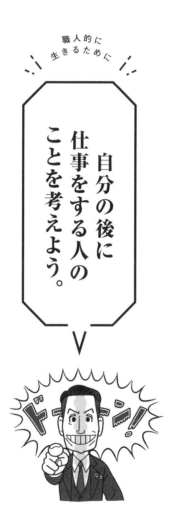

気づきポイント

20

職人は、職人に気づく。

職人は、ほかの職人から学び、常に新しいことにチャレンジしたいと考えます。


たとえば、青山に「海味」というお店があります。

私は、先代の大将の故・長野充靖さんが前のお店にいた時からの知り合いです。

長野さんが「中谷さん、最近ＮＯＶＡに行ってるんですよ」と言いました。

常連で外国人のお客様が２組来ているそうです。

「マグロはツナという説明で終わっているのが自分の中で納得いかなくて、英語でもっと説明したいから」という理由で英語を習っているのです。

お寿司屋さんが、お寿司や魚、サービスを学ぶのはわかります。

英語を勉強するというのは変わっています。

元サッカー日本代表の中田英寿さんはイタリア語だけでなく、広東語も話せます。

サッカー選手で勉強が嫌いと言うと、一流の選手にはなれません。

運動神経がいいからサッカー選手というだけでなく、コミュニケーションもとれるように語学を覚える必要があります。

さらに、リーダーシップも学ぶ必要があります。

自分の分野の仕事を完璧にするために別分野のことを習うことで、初めてその人は職人的な勉強をしています。

土井善晴先生は、もともとフランス料理を学んでいました。

ポール・ボキューズのお店でも働いて、日本へ帰ってきて、お漬物の漬け方がわからないからと、懐石料理の名店に修業に行きました。

お漬物の盛りつけを習うために1軒のお店に修業に行くというのは職人的な生き方です。

「人から学ぶことはもう何もない」と思った時点で、その人は職人的ではなくなるのです。

職人的に
生きるために

職人から、
学ぼう。

気づきポイント

21

数学のズルい解き方は、職人芸。

たとえば、学校の数学で模範解答と違う解き方をする生徒がいます。

『平成教育委員会』に出た時に、正解の解き方が説明されました。

たけしさんが「オレだったらこういう解き方をするな」と、もっと手数がかからない鮮やかな解き方をしました。

すると、ピーターフランクルさんとラサール石井さんは「その解き方もありますね」と同感していました。

あとのメンバーはみんなキョトンとしていました。

なんの話をしているか全くわからないのです。

職人は、みんなとは違う独自のやり方を編み出します。

数学はそうやって進化しているので、数学者も職人的な技を磨いています。

数学者の面白いところは、紙に書いて2年間ぐらい計算していると、「あ、このやり方はないな」と気づいたりします。

2年計算して、「これはない」という結果になってもまったく落ち込みません。「ないことがわかることはすごい進歩だ」と思うからです。

みんなと違う答えを編み出していく時に、先生から「みんなと同じ答えの出し方をしなさい」「正解のやり方をしなさい」と言われると、生徒は興味を持たなくなります。

数学オリンピックに出る子たちは、みんなと違う鮮やかな解き方はないかということにこだわります。


常に、違う答えの出し方、別解を考えているのが職人なのです。

職人的に生きるために

みんなと違う答えを探そう。

気づきポイント

22
竹ひごで、真円を描く。

よく「○○をしようと思うんですけど、その道具がないんです」と言う人がいます。
これも職人的でない発想です。
道具からつくるのが職人です。
職人はみんな自分用の道具を持っています。
道具屋さんで売っているモノを買っていません。
自分用にカスタマイズした道具をつくっています。
自分用の道具をつくるところから職人の仕事が始まります。
「人間は猿と違って道具を使う」と言いますが、道具は猿も使います。
猿も棒があれば使うのです。

人間は、道具をつくる動物です。
さらに言うと、手斧をつくりました。
手斧で果物を砕くのではありません。
道具をつくるために手斧をつくったのです。
道具から自分でつくるという発想です。
「掃除しておいて」と言って、「ほうきがありません」と言うのではありません。
なかったらなんとかしようと考えるのが職人の発想です。

私は高校生の時に、金丸先生から地学を教わりました。
地学は、宇宙の話をする時に円を描きます。
金丸先生は、竹ひごでクルッと見事な円を描きます。

それは、1つのパフォーマンスとしても鮮やかでした。

金丸先生が円を描くのを見たいがために、地学を受験で選んだくらいです。

予備校の先生で人気のある人は、みんな独特な黒板芸を持っています。

今は電子黒板もできて、マックでする授業もあります。

私が黒板に書きながら授業をすることにこだわるのは、黒板芸を予備校の先生から教わったからです。

目の前で書きながら、最初からそういうふうになっていたかのような1つの芸になっているのです。

ある先生は、「これはこういう解き方があるんだけど」と言って、細かい数学の解き方をバーッと書いて、「これは間違い」と言って×で消しました。

×で消された時、写しているみんなはビックリします。

「それなら最初から書くな」と思うのですが、印象に残すために先生はわざわざ書いてくれたのです。

おじいさんの先生でも、黒板を書く時は圧倒的にスピードが速かったりします。

黒板をまったく振り向かないで、見事に曲がらずに黒板に書く先生もいました。

サーカスや手品に近いところも全部、職人技として生徒に興味を持ってもらうためにしていた芸だったのです。

職人的に生きるために

道具から、自分でつくろう。

気づきポイント

23

職人は、メンテの仕方から、教えてくれる。

私はモノを買う時に、メンテの仕方を教えてくれる人から買います。


売り手からではなく、職人から買いたいのです。

売り手の中にも、職人的な人がいます。

伊勢丹メンズ館ができた時に、1階に「ボルサリーノ」が入りました。

私が初めて「ボルサリーノ」で帽子を買ったのが、そこの店です。

新宿店にいたブルガリの店長の堀米さんに、「中谷さんはボルサリーノの帽子が似合うと思うから、帰りに寄られるといいですよ」と言われて寄ったのです。

店に入って、「あ、これだな」と思った帽子をパッと持った瞬間に、お店の人が出てきて、

「この帽子のメンテはですね……」と、説明を始めました。

通常は、「お似合いです」という言葉から始まるところです。

私は、この店員は帽子を大切にしている人だとわかって、この人から買おうという気持ちになったのです。


私がモノを買う基準は、その人が職人かどうかです。

ただの販売員なら買いません。

ただの販売員は、そのモノよりも、売上げやノルマを見ています。

モノを見ている人は、自分もモノを大切にしています。

だから、お客様にメンテの仕方を教えるのです。


私は銀座の「トラヤ帽子店」で帽子を買っています。

店で帽子を試着する時に、自分がかぶってきた帽子を横に置いておくと、試着を待っている間に、頼んでいないのに店員がその帽子をメンテしてくれるのです。

「ヨシノヤ靴店」でも、新しい靴をためし履きしている間に、今履いてきた靴を宮崎さんという方が磨いてくれます。

モノをつくるだけが職人の仕事ではありません。

職人の仕事の半分は、メンテナンスです。

メンテに命を賭けているのです。


「人脈を広げるにはどうしたらいいですか」と言う人は、名刺交換をさんざんするわりには、ネットワークでできた仲間のメンテを何もしていません。

友達の多い人は、人脈を広げるよりも、常に友達のメンテをしています。

ここに圧倒的な違いがあるのです。

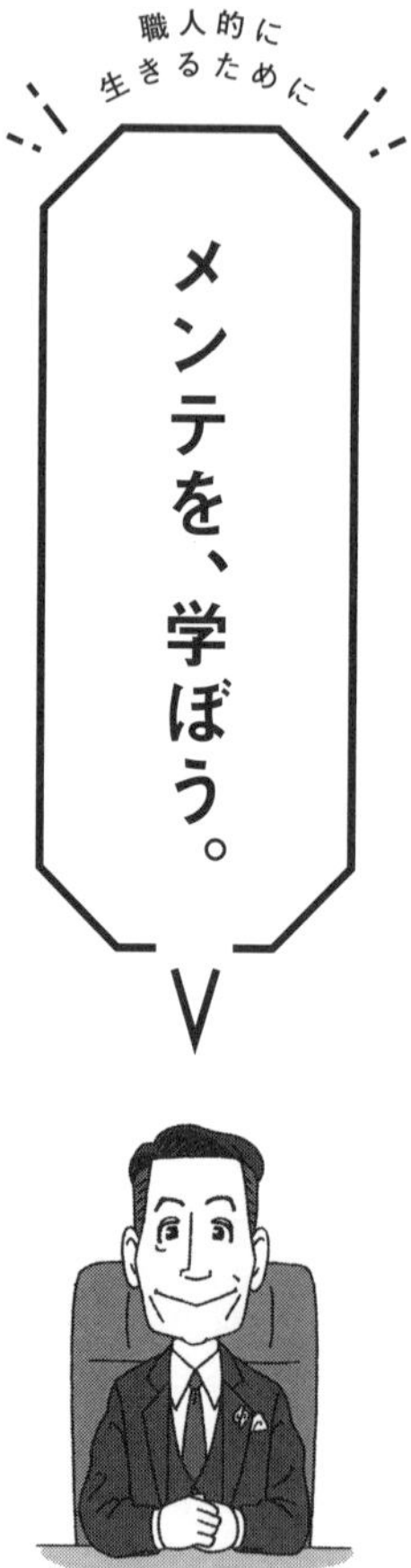

気づきポイント

24

所要時間を55分と言った運転手さん。待ち時間を50分と言った焼肉屋さん。

京都に撮影に行った時に、バスで太秦《うずまさ》から亀岡へ移動しました。

その時、バスの運転手さんは「大体55分で着きます」と言いました。

「1時間弱」と言っておけばいいのに、わざわざ「55分」と言うのは面白いなと思いました。

撮影は常に朝が早いので、バスの中では少しでも寝ていたいです。

55分と1時間では全然違うのです。

吉祥寺に「李朝園」という老舗の焼肉屋さんがあります。

私が学生時代から行っているお店です。

お花見のシーズンになると混むので、名前を言って予約しておきます。

お花見に行ってから、また戻ってくるという作戦です。

その時に、「待ち時間は50分です」と言われました。

「50分って、また刻んだな」と思っていたら、戻ってくるとドンピシャ50分だったのです。


これが職人芸です。

「お待ちいただいています」

「何分ぐらいですかね」

「さあ、ちょっとわかりませんね。お客さんのことなので」

というやりとりは、よくあります。

お客様がいつ席を立つかはわかりません。

でも、経験則として大体の時間のメドは立ちます。

それを「わからない」と言って逃げると、そこで待つのか、予約して近所をウロウロするのか、急ぐので別の店にするのか、お客様は決められません。

わからないものに対しても、「○○分」と言い切る覚悟を持つことが大切です。

ビジネスホテルにはコンシェルジュがいません。

フロントマンが、すべての頼みごとを引き受けます。

たとえば、ホテルから空港までのタクシーの時間を知りたい時に、電話で聞くと誰が出るかわかりません。

フロントまで降りていくと、フロントマンを選べます。

「この人なら聞くけど、この人には聞きたくない」ということがあるのです。

あるフロントマンは「1時間半です」と言いました。

日本の空港で、ホテルから1時間半かかるところはなかなかありません。

「意外にかかるんですね」と言うと、「かかりますね」と言われました。

ところが、実際は25分で着いたのです。

前に25分で着いたことは言わずに、別のフロントマンに同じ質問をしてみました。

その人は、まず、「何時ごろ出られますか」と聞きました。

たしかに時間帯によって混み具合は違います。

「チケットはもうお持ちですか」

「持っています」

「お土産は買われますか」

「買いません」

「中で飲食はされますか」

「しません」

「でしたら、25分ですね」

ドンピシャです。

プラスで何かしたいことがあれば、25分に足していけばいいのです。


「1時間半」と言った人の気持ちもわかります。

「長めに言っておけば問題ないだろう」と思うのは、短めに言った時に、お客様から大クレームになったからです。

朝一番の飛行機で、1時間半と25分では大違いです。
65分の睡眠時間の差は大きいのです。
「1時間半」と言う人は、自分が怒られるのがイヤで、勝負を避けています。
「クレームを言われたくない」と思った時点で、その人は職人ではありません。
職人は、5分刻みをドンピシャで言い当てて、お客様の時間を大切にするのです。

職人的に
生きるために

**お客様の時間を、
大切にしよう。**

気づきポイント

25

上司からは、マニュアルで学ぶ。師匠からは、一緒にいることで学ぶ。

職人の世界に上司はいません。
師匠と弟子という関係性があるだけです。
上司からは、マニュアルで学びます。
師匠からは、一緒にいることで学びます。
私が最初についた師匠の藤井達朗からは、電話の取り方、廊下の歩き方、タクシーの乗り方など、一緒に生活する中で仕事以外のところから多くのものを学びました。

物事にはマニュアルで覚えられることと覚えられないことがあります。

マニュアルで覚えられないことは師匠から教わります。

それが大きいのです。


たとえば、歌舞伎の世界は世襲です。

その理由の1つは、親と子供は骨格が似るので、体の使い方がはまりやすいからです。

もう1つは、子供の時から楽屋で遊んでいるので、そこで習慣的に身につくことがあるからです。

子供は、やがて舞台に立ちます。

舞台が終わってから、「今日は勉強させていただきました。あそこでしくじりまして

申しわけございませんでした」と、父親のところに挨拶に行きます。

先代の勘九郎さんは、「あれはいいんですよ。**それより今ののれんのくぐり方がいけませんね**」と言いました。

お客様は見ていなくても、歌舞伎役者として、してはいけない立ち居ふるまいがあります。

日常生活の中で、それを直してもらえるのです。

職人的に生きるために

仕事以外のところから、学ぼう。

気づきポイント

26

パンを焼くには、人間よりも、パンに合わせる。

フィリップ・ビゴさんは、日本にパンを広めた立役者です。
「ビゴの店」は現在も残っています。
ビゴさんは22歳で日本に来て、日本人にフランスパンの焼き方を教えました。
その焼き方は、きわめて古典的です。
ビゴさんは「仕事時間は人間に合わせるのではなく、パンに合わせる」と言いました。
パンにはパンの都合があります。
パン屋さんは朝が超早いのです。

人気のパンは午前中で売り切れます。
売り切れても仕事は終わりではありません。
次の仕込みにべらぼうな時間がかかるのです。
自分の働きたい時に働くのは、職人的働き方ではありません。
職人は、「自分の好きなこと」に働く時間を自分が合わせるのです。

職人的に
生きるために

好きなことで、働く時間を合わせよう。

気づきポイント

27 ITベンチャーは、職人集団だ。

職人は存続の危機に立たされています。

職人の仕事には、労働基準法に当てはまらないものがたくさんあります。

会社で労働基準法をあまりにも厳格に適用しすぎると、その仕事が途絶えてしまうのです。

働き方改革は、労働時間を選べることです。

別に9時-5時とかは関係なく、1日何時間でも働きたい人もいます。

働き方の多様性を見出していくのが、本来の働き方改革です。

フランスは、いっとき労働基準法で残業禁止令が出て、9時-5時以外の残業ができなくなりました。

フランスは、もともと手工業の国です。

一生懸命仕事をしたい人たちが、その規定がまだなかったイギリスへみんな逃げてしまいました。

フランスは目に見えて衰退していきました。

結局は法律をまた改正することになったのです。

働き方改革で労働時間が短くなるというのは、大きな勘違いです。

長時間働きたい人は長時間働いていいし、短時間働きたい人は短時間働けばいいのです。

1時間の労働もあれば、23時間の労働もあるという形にするのが、本来の働き方改革です。

たとえば、ITベンチャーの人たちは机の下で寝ています。

そうやって最先端のITを生み出しています。

ITベンチャーは、職業集団であり、職人集団です。

IT企業というと、なんとなく1日のうち少ししか働いていないという思い込みがあります。

それは錯覚です。

そういうつもりでＩＴ企業に入ると、しくじります。

今、小学生の人気職業の1位と2位は、ユーチューバーとｅゲーマーです。

実際のユーチューバーは、撮影の準備や練習に膨大な時間をかけています。

ｅゲーマーは、体を鍛えて、忍耐力をつけて、集中力だけではなく持久力もつける必要があります。

そのためにトライアスリートと同じぐらいのトレーニングをしているのです。

「自分は体力がないので、ｅゲームの方で頑張ります」と言うのは、大きな勘違いなのです。

職人的に
生きるために

**働き方改革を、
勘違いしない。**

気づきポイント

28

楽しさは、矛盾の中にある。

お客様からは矛盾するオーダーがたくさん来ます。

矛盾するオーダーに新しい仕事のチャンスがあります。

矛盾するオーダーをなんとか形にしていくところに、新しいイノベーションが生まれるのです。

新しいイノベーションは、今までの延長線上には出てきません。

たとえば、移動が禁止されている中で旅行を味わいたいという要望を受けて、オンラインガイドが出てきました。

その時代の画期的なものは、「これとこれは合うよね」というような最初からハーモニーがあるものからは生まれません。

今、日本のスイーツはフランスのコンテストでどんどん賞を取っています。ヨーロッパは香辛料が少ないですが、日本は香辛料的なものがたくさんあります。辛いものや苦いものなど、今までスイーツに使わなかったものをぶつけた時に、意外性が生まれて、「これとこれは意外と合うね」という形になるのです。

一皿にデザートを盛りつけるアシェットデセールやパフェは、異質感を組み入れることで新たな味を引き出します。

料理人の職人芸は、「まさか、これとこれを組み合わせるとは」というものを組み合わせることです。

その中で新しいものが生み出されるのです。

職人的に
生きるために

矛盾するオーダーを、楽しもう。

気づきポイント

29

きれいすぎない。

広告をつくる時、プレゼンの準備をする時、私はいつも師匠の藤井達朗から「きれいすぎるなよ」と注意されました。

ここに藤井達朗の職人としての根本精神があります。

線を引く時も、どこかフリーハンドの温かさを残しておきます。

「ザラっとしたところを残しておけよ」とも言われました。

藤井達朗自身の魅力は、まさにフリーハンドであり、ザラっとしたところです。

全体がきれいだと、さらりと流れてしまうのです。

このデジタルの時代に、アナログ感はどんどん消えていきました。
異質感・違和感・手づくり感・アナログ感という人間的なところをどこか残しておくことが大切です。

時代の最先端を行っているＩＴ企業のロゴマークは、手書きが多いのです。

最先端であればあるほど、カッコいいマークではなく、かわいい手書きのマークになっていきます。

日本の「カワイイ」は、クールジャパンの売りの１つです。

いくらカッコよくても、かわいさ、ユーモア、愛のないものはつまらないのです。

藤井達朗はもともと日本画を描いていたので、ペンを持つ時もまったく力を入れません。

鶴太郎さんが字を書く時は、右利きなのに左手を使います。

人間の操作を超えたところに、ある意味、機械的ではない、人間的なところが出てくるのです。

それを残しておくのが職人の技なのです。

職人的に生きるために

人間的なところを、残そう。

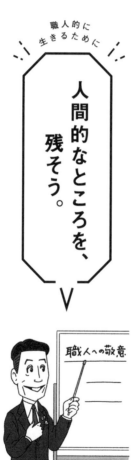

気づきポイント

30

傲慢な人は、職人に向いている。自分の仕事の完成度に、どこまでも納得しない。

「うちの部下は傲慢で困る」と文句を言っている上司がいます。
傲慢な人は、職人に向いています。
ただし、その「傲慢」は他者に向かうのではなく、自分の仕事の完成度に向かいます。
自分の仕事に、どこまでも納得することがないのです。

たとえば、修理したクルマをお客様に返した時に、お客様は「いいですね。ありがとうございました」と言って帰ろうとしました。

その時、整備工場の職人が「ちょっと待ってください。もう一日お借りできませんか」と言って引きとめるのです。

もちろん壊れたところは直しています。

でも、直した本人は納得していません。

壊れる原因が自分の中で見つかっていないからです。

その原因のところを直したいから、「もう一日お借りしたい」と言うのです。

「お客様のOKレベル」よりも「自分のOKレベル」を上に持っていくのが職人です。

歯医者さんは、虫歯を治療すればOKです。

歯磨きの仕方とか、虫歯の原因を取り除く治療をしようとすると、けっこう本格的な治療になります。

しかも、治療に時間がかかるので、お客様はすぐ治療してくれるところに行ってしまいます。

職人のところは、お客様が限りなく少なくなるのです。

世の中には職人芸を求めるお客様が圧倒的に少ないです。


お客様の数を増やそうと思うなら、職人芸はやめた方がいいのです。

職人は、職人芸がわかる数少ない人を相手にする覚悟が必要です。

それはピラミッドの一番上のわずかな人たちです。


ＩＴの世界で生きている人は、お客様に「速くなったね」と言われても、常にもうワンクリック減らしたいと思っています。

それが職人の美意識です。

美しさを求めて、永遠に考え続けるのです。


将棋指しは、「勝てばいい」という戦い方はしていません。

目指すのは、美しく勝つことです。

美しさにこだわるところが、将棋指しの芸術性です。

棋士の谷川浩司名人は、「将棋指しは勝負師と研究者と芸術家の３つの要素を持たなければいけない」と言いました。

将棋指しは、試合のない時も常に準備・研究しています。

勝ち負けがかかった終盤では勝負を賭けます。

序盤から中盤にかけては、新しい戦い方を編み出すための芸術性が求められます。

これが「自分のＯＫレベルをもっと上げる」ということなのです。

職人的に
生きるために

お客様よりも、自分のＯＫレベルを厳しくしよう。

気づきポイント

31 めんどくさがりは、職人に向いている。工夫するようになる。

「部下がめんどくさがりなんです」と言う上司がいたら、その部下は職人になる可能性があります。

実際、職人はめんどくさがりです。

同じことを2回したくないから、どうしたらもっと早くできるかを考えます。

今2クリックでしていることを1クリックにしたいのです。

その工夫を考えるために、どんなめんどくさいこともできるのが職人です。

めんどくさいことをしたくないから、めんどくさい作戦ができるのです。

たとえば、ワープロに慣れている人がパソコンに切りかえるのは、めんどくさいです。

別にワープロのままでも、なんとかなります。

それでもワープロのめんどくささを解決するために、パソコンを習うというめんどくさいことを引き受けるのです。

これが職人の技です。

力でも根性でもなく、常に工夫を続けます。

私は父親に、よく**「力じゃなくて、工夫しろ」**と言われました。

父親もそれをおじいさんから教わったのです。

職人的に
生きるために
めんどくさいことは、
工夫しよう。

気づきポイント

32

助けを求めるのは、諦めないためだ。

「職人は人に助けを求めない」と思い込みがちです。

実際は、「これがわからないんだけど、どうすればいいんですかね」と、けっこうほかの職人に質問に行きます。

聞かれた方も、秘伝にしないで、どんどん教えます。

それぞれの専門分野が持っている知識をお互いに教え合ったり、分業することによって、職人芸は発達していきます。

「助けを求めたら一人前じゃないと思われる」というヘンなプライドは持っていないのです。

人に助けを求めるのは、結局、諦めたくないからです。

助けを求めないのは、諦めるということです。

なんとしても成し遂げたいことがあるから、「すみません、教えてください。助けてください」と言えるのです。

そこには集団における1つの価値観とリスペクトがあります。

「誰かに助けを求めるのはみっともない」とは何も感じません。

科学者の世界でもお医者さんの世界でも、仕事で行き詰まった時は、どんどん助けを求めます。

職人は、セカンドオピニオンを否定しないのです。

たとえば、ピラティスの教室の生徒が、「新しくできた教室に体験として行ってみたいんですけど」と、先生に相談しました。

この時、「なんでここでやっているのに、ほかのところに行くんだ」と怒る先生は職人ではありません。

職人は、「そこでどんなことをしているか、体験したらぜひ教えてください」と言えるのです。

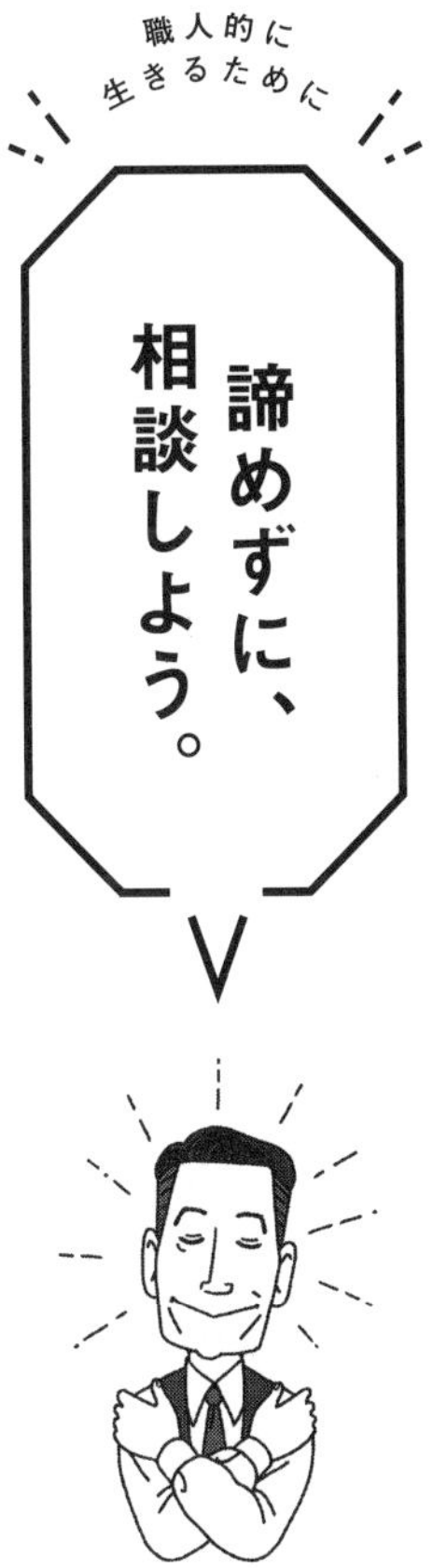

気づきポイント

33

カポックを、皮1枚残して、切れるようになる。

プレゼンボードは、「カポック」という発泡スチロールの板でつくります。

カポックを2つ折りにして、表紙をつけて、得意先の前で屏風のように広げて見せる形が一番インパクトのある見せ方です。

定規を当ててカポックをスパッと切って、裏側をガムテープでとめて開くようにすると、最初から「これは開くものなんだな」とバレてしまって、つまらないのです。

師匠からは「ガムテープを使うな」と言われました。

ガムテープを使わないでカポックを折り畳めるようにするには、カッターで皮1枚残して切ります。

表紙の一番表面のかたいところを残せばいいのです。

それ以来、私はカポックを皮1枚残して切ることが職人芸のようにうまくなりました。

会社のプレゼンは、一見、職人芸とかけ離れて見えます。

実際は、無限の職人芸が積み重なって、1つの会社が成り立っているのです。

こんなにデジタルの時代でも、元銀行員がテレビドラマでお札を数えています。

1回お札を数えたら、裏返してもう1回数えます。

あれは職人芸です。

その人が銀行員だということが、ここでわかるのです。

職人的に
生きるために

会社の中の職人芸を身につけよう。

気づきポイント

34

靴磨き職人は、顔ではなく、靴で覚えている。

靴磨きの源さんのところには、外国の人もたくさん来ます。

ある外国人が10年ぶりに日本に来て、源さんに靴を磨いてもらいました。

「どうぞ座ってください」と言われて座った瞬間に、源さんに「あら、10年ぶりですね」と言われたそうです。

源さんは、お客様の顔はひとつも覚えていないのに、自分が磨いた靴は覚えているのです。

スターバックスの店員さんは、カードを使うとか予約をするとかしなければ、お客様の名前は聞きません。

それでもお客様を覚えているのは、その**お客様のオーダーで覚えているのです。**

職人的に
生きるために

名前でなく、
オーダーで覚えよう。

お客様は、オーダーをそんなにコロコロ変えません。

大体、夏はアイス、冬はホットです。

カフェラテのカスタマイズも決まっています。

吉野家のオーダーは、つゆだく、つゆだくだく、アタマなしなど、メニューに載っていないカスタマイズのオーダーがたくさんあります。

吉野家の店員さんは、お客様のオーダーを名前がわりに覚えているのです。

コメダ珈琲は、いまだに圧倒的な集客力です。

お客様はリピーターが多く、細かくて、ある意味めんどくさいオーダーをします。

結果として、「いつもの」しか言わなくなります。

スタッフは、バターの量とか、トーストの焼きかげんとか、細かいオーダーをすべて覚えているのです。

気づきポイント

35

名前よりも、顔で覚える。

よく「名前を覚えなさい」と言われます。

私のいとこは、うちの隣で写真屋をしていました。

大阪で便利なのは、名前を呼ばなくていいところです。

いとこは、お客様が自転車で前を通りすぎた時に、「奥さーん、お元気にされてますかー」

と、声をかけます。

その人は6年前に写真を撮りに来た人です。

通常は、毎日毎日いろんなお客様に会っていると、顔なんか覚えられません。

写真屋が顔で覚えるのは、本業の中で覚えているからです。

私の父親は字が好きです。

年賀状は、字を見るだけで、これは誰、これは誰という形で覚えています。

私の大学時代の恩師・西江雅之先生がＮＨＫの『課外授業　ようこそ先輩』に出演しました。

卒業生の先輩が母校に行って教えるという番組です。

普通は、「西江雅之です。文化人類学を教えています」という話で始めます。

さすがだなと思ったのは、西江先生は教室に入ってすぐに、名簿を見ないで40人の生徒の出席をとったのです。

しかも、ただ名前を呼ぶだけではありません。

一人一人の生徒を指さしながら、○○君、△△君……と、初対面にもかかわらず、すべての生徒の名前を呼んだのです。

これには生徒もビックリしました。

クラスの顔写真と名前を全部暗記して来たからできたのです。

西江先生は文化人類学の研究で、アフリカの奥地へ行って、ヤリを持った人たちに取り囲まれながら、その部族の辞書をつくるという仕事をしていました。

顔と名前を覚えなければ、その人たちと友達にも仲間にもなれません。

『課外授業　ようこそ先輩』で顔と名前を覚えて行ったのは、その大切さを教えるためです。

その番組を見て、改めて「僕は凄い人に教わっていたんだな」と思ったのです。

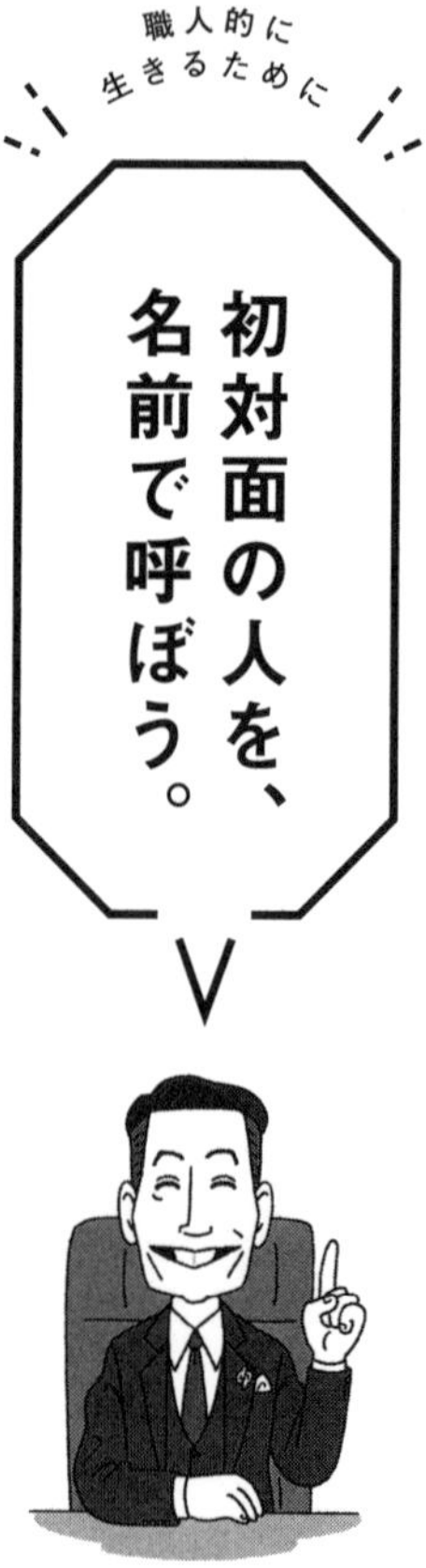
職人的に
生きるために
初対面の人を、
名前で呼ぼう。

気づきポイント

36 市場は、職人の集まり。

私は子供のころ、商店街に住んでいました。

勉強部屋の真裏が市場でした。

お昼ごはんのイカフライとかスパゲティーサラダとかを市場へ買いに行くのが私の仕事でした。

細かいところは、「あとは任す」と言われていました。

そういう時にどう選ぶか、子供のころにトレーニングされていたのです。


新大阪に行った時は御座候《ござそうろう》を買います。

御座候とは、回転焼のことです。

本来はお店の名前です。

関西の人たちは、お店の名前を商品のジャンル名で呼んでいるのです。

御座候は薄皮の竹包みに入っています。

竹包みの**包み方と紙の包装の仕方が抜群にうまいのです。**

見ているだけで惚れ惚れします。


私の父親は、段ボールに荒縄でひもをかける時に、まったく緩みがありません。

体は今の私よりはるかに小さいのに、けっこうな重さのものを軽々持ち上げます。

私は「僕もいつか、ひものかけ方を覚えたい。荷物を軽々と持ち上げられるようになりたい」と思っていました。

職人の家の子は、父親をリスペクトしているのです。

職人的に生きるために

職人技をリスペクトしよう。

気づきポイント

37

包み方は、後であける人のことまで考える。

京都の老舗のお菓子の包み方は、ほどくのがもったいないほど見事です。
包み方自体が1つの作品であり、商品です。
今は宅急便がこれだけ発達していて、いろんなところから荷物が届きます。
うちの事務所のスタッフが偉いのは、包み方の美しさにこだわっていることです。

包み方で大切なのは、ほどけにくく、ほどきやすいことです。
ゲラを送ってくる時に、ガムテープをギューギューに貼っている人がいます。
それでは取る時にかたすぎて取りにくいのです。

「どんだけまじめなんだろうな、この人は」と思います。

最終的にカッターで切るので、ケガをしたり、切った後が美しくないのです。

お花屋さんから届くお花は、お花が傷んではいけないので、きちんとかたく包んでいます。

後であける人のことは考えていません。


職人は、あける人があけやすいように包装します。

これは職人の優しさです。


私は、リボンがない時は、ガムテープで真田ひもをつくります。

ガムテープを3つに折り曲げると、平たい真田ひもができます。

送り先から「きれいなリボンで送られてきました」という感想をもらいますが、リボンではなく、ただのガムテープです。

真田ひものいいところは、きちんと結べて、ほどきやすいことです。

緩く結んで、ほどきやすくするのは簡単です。

きつく結んで、ほどきにくくするのも簡単です。
一番いいのは、きちんと締まっていて、ほどく時に簡単にほどけることです。
私の靴ひもの結び方は、二玉結びのベルルッティ結びです。
この結び方は、ほどけにくいのに、ほどく時はスッとほどけます。
包み方ひとつに関しても、職人の技が出るのです。

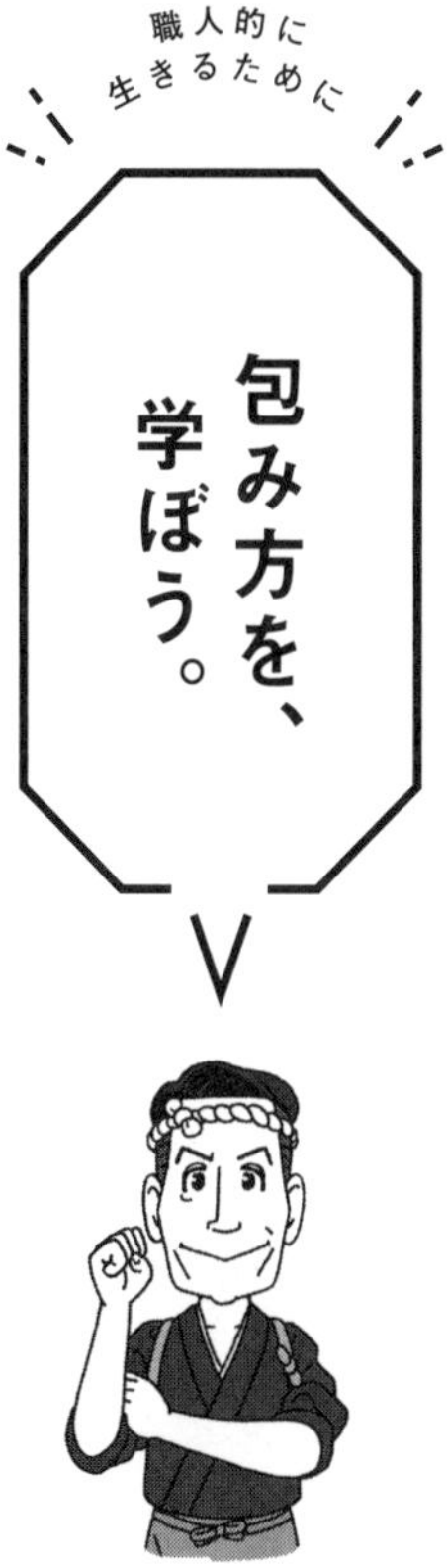

気づきポイント

38

器は、盛りやすく・運びやすく・出しやすく・持ちやすく・洗いやすく・収納しやすく・美しく。

職人は、自分の美意識が先行するというのは誤解です。

職人が常に「美しく」を一番に考えるかというと、それは間違いです。

まずは使いやすさを考えます。

京都に「叶松谷《かのうしょうこく》」という器の老舗があります。

「叶松谷」の職人さんは、「器で大切なことは、まずは盛りやすいこと、そして、仲居さんが運びやすいこと、部屋に着いた時に配膳さんがお客様の前に出しやすいこと、食べるお客様が持ちやすいこと、洗い場の人が洗いやすいこと、あとは収納しやすいこと」とおっしゃっていました。

和食器はフレンチやイタリアンなどの洋食器に比べて、重ねにくいものが多いのです。収納スペースを膨大にとるので、かさばらないようにどうつくるかが大切です。

盛りやすく、運びやすく、出しやすく、持ちやすく、洗いやすく、収納しやすくという6要素を押さえた後で、自分の芸術性を盛り込みます。

「美しく」を最優先にするのではなく、最後に持ってくるのです。

これが日本の**「用の美」**です。

漆の器は、扱いがなかなか難しいのです。

洗い足りないと曇るし、洗いすぎると傷になります。

きちんと洗っていると、10年使い込んだものの方が新品よりもはるかにツヤが出て美しくなります。

漆の器には家紋が入っていて、家族に代々受け継がれています。

娘さんがお嫁に行く時も、漆の器を持っていきます。

つくる人間は、使いやすさを優先して、美しさを磨いていくのです。

職人的に生きるために

使うことで、美しさを磨こう。

気づきポイント

39

主婦は、家事の職人だ。主婦は、普通の食事を、おいしく食べさせる職人だ。

「オレは外で仕事をしているんだ」と言って、専業主婦の奥さんに威張っている旦那さんがいます。

いかに専業主婦の家事を職人芸として認めていないかということです。

テレワークで家で仕事をするようになって、初めて奥さんの仕事の大変さがわかってきました。

家事を手伝っている旦那さんは、奥さんの仕事がどれだけ大変かを理解できます。

家事は、炊事・洗濯・掃除・育児の4つです。

男性脳は、同時に1つのことしかできません。

女性脳は、並行作業で4つのことをこなします。

たとえば、家でいきなり舌平目のムニエルは出てきません。

おいしいものが食べたいなら、外に食べに行けばいいのです。

家で大切なのは、奥さんがつくった料理をおいしく食べることです。

奥さんは、変わった料理ではなく、飽きない料理をつくります。

これが職人芸です。

外の料理はおいしいですが、毎日続くと、豪華すぎて、やがて飽きます。

企業の社長さんは、毎日毎日、接待で豪華な料理を食べています。

社長さんが一番食べたいのは、家のお茶漬です。

外で食べていると、おいしい料理であればあるほど疲れるのです。

家の料理は、おいしくても疲れないし、飽きません。

これを目指すことが大切です。

主婦は、おいしい料理をつくる職人ではありません。

普通の料理を、おいしく飽きないで食べさせる職人です。

お客様が常連になるお店は、いかに飽きないものをつくるか、常に考えています。

どんなものが出てもおいしく食べる人が、お客様としての職人なのです。

職人的に
生きるために

おいしく
食べよう。

気づきポイント

40

違和感を大切にする。

私の実家はスナックで、父親がマスター、母親がママでした。

客席は40席です。

スナックとクラブは違います。

クラブは1対1のサービス、スナックは1対多のサービスです。

スナックは、マスターがカウンターの中にいて、カウンターに座っている人たち全員の応対をします。

私の父親は、たとえ自分がカラオケのマイクを持って歌っていても、ただ楽しんでいるだけではありません。

そんな中でも「オイ、ちょっと誰か怒ってるぞ」と言うのです。

見て言っているのではありません。

背中の気配で、今お店の中で誰か怒っている人がいることがわかるのです。

これが職人の気配を感じる力です。


税務署の職員さんの仕事も職人芸です。

税務調査で出す経理の書類は量が膨大です。

それを職員さんは猛烈なスピードで見て、何かヘンなところがあると、パシッ、パシッと付箋紙を貼っていくのです。

フレンチのレストランを何店舗も経営しているオーナーシェフがいます。

そのオーナーシェフが、お店に売上げのチェックに来ます。

帳簿をバラバラバラッと見て、パンと広げます。

一番見られたくないところを広げられると店長が言っていました。

職人は違和感に敏感です。

私も本のゲラをチェックする時に、凄いスピードで見ます。

その方が、ヘンなところ、直した方がいいところに気づくのです。

「そんな速いスピードで見て、よくわかりますね」と言われますが、逆です。

ゆっくり見ると気づかなくて、速く見ると気づきます。

手品のタネも、スローモーションで見ると気づきません。

早送りで見ると気づけるのです。


アメリカのCMを日本でそのまま置きかえてつくるという仕事がありました。

薄毛の人がカメラの前でリズムをとっています。

これからデートで、ゴキゲンで踊っています。

そこへカメラが寄っていって、引いてくると、ウイッグをかぶっているというCMです。

それをワンカットで撮っているのです。

合成ではないので、必ずどこかに編集点があります。

ところが、何回スローモーションで見ても、切っているポイントが見つからないのです。

フィルムを凄いスピードで巻き戻したら、「あ、ここで飛んでる」と気づきました。

今まで気づかなかったのは、ゆっくり見すぎたからです。

「こんな早いところで、切ってつないでいるんだ」と思いました。

私が気をつけて見ていたのは、もっと後ろのところです。

とっくの昔にカメラは切りかわっていたのです。

違和感は、1点に集中して視野を狭めてしまうと気づきません。

ぼんやり見て違和感に気づくのが、職人の技なのです。

職人的に
生きるために

気配を、感じよう。

気づきポイント

41

人は、人から学ぶ。文化は、人の中に残る。

職人の技は、人から学ぶしかありません。

マニュアルから学べることではないのです。

常に人に会って、職人から職人、師匠から弟子へとつないでいきます。

京都の場合は、先代と息子のリレーの間に、お客様が入ります。

お父さんが亡くなって、息子はまだその味が出せない時に、お父さんの味を覚えているお客様が通い続けてくれるのです。

たとえば、息子がお寿司屋さんを継ぎました。

まだお父さんの味は出せません。

お客様は、味が違うのはわかっていますが、何も言いません。

8貫のお寿司のうち1貫だけ食べて、あとは残して帰ります。

これは、8点満点で1点ということです。

次に来た時は8貫中2貫食べて、2点に上がります。

お父さんの味を覚えているお客様が、その味に近づけるように息子に伝えていくのです。

それは主と客が連動してお店の味を伝えるということです。

味は目に見えないものです。

それを伝えるには、人から学ぶしかありません。


演劇の世界も同じです。

お客様も職人です。

お父さんの芸を継いだ息子に対して、寛大ではありつつ、できていないところに関してはきちんとダメ出しをします。

海外はもっと激しくて、少しでも手を抜いているとヤジが起こります。

ファンだからといって、すべて「ブラボー」と言うわけではありません。

これが、ある種の優しさになっているのです。

職人的に生きるために

人から、学ぼう。

気づきポイント

42

職人がお客様を鍛え、お客様が職人を磨く。

私は子供のころ、スーパーマーケットの2階に住んでいました。

1階にお好み焼屋さんがあって、いつもそこでお好み焼を食べながらマンガを読んでいました。

私がお好み焼の焼き方とか味に関して厳しいのは、食べている量が圧倒的に多いからです。

お好み焼は、素材2、焼き方8で決まります。


いつも行くおいしいお好み焼屋さんで、味が変わる瞬間がありました。

それは新人が修業で焼いたのです。

「悪くはないけど、やっぱり師匠の方が上だな」と思いました。

それでも私は、そのお店につきあいます。

そうしないと新人が育たないからです。

おいしい料理でも、毎回、味が変わります。

先代のころから通っていたお好み焼屋さんは、今は息子さんが焼いています。

レジは妹さんです。

帰りがけに、「兄ちゃんに後で言っといて。今日は兄ちゃん、きっといいことあったよ。今日は凄いおいしかった」と言うと、妹さんは「うれしいです。兄に伝えておきます」と言いました。

私は、お父さんが先に亡くなって、お母さんがご健在の時に、「息子たちをよろしくお願いします」と頼まれていたのです。

お店の味をキープする係が、お客様としての職人芸です。

文化も含めて、すべてのものは人から学んでいくのです。

職人的に生きるために

お客さんとして新人を育てよう。

気づきポイント

43

人が、仕事を選ぶのではない。仕事が、人を選ぶのだ。

「やりたい仕事を探しているんですけど、なかなか見つからない」という相談が、若者たちからたくさん来ます。

40代、50代になっても、リストラになって、やりたい仕事が見つからないと言っている人はけっこう多いです。

この考え方は、職人にはありません。

職人は親の仕事を継ぐことが多いからです。

人が仕事を選ぶというのは、傲慢です。
人が仕事を選ぶのではありません。
仕事が、人を選ぶのです。

何かの仕事を頼まれたら、それは仕事に選ばれたと考えて、その仕事に一生懸命取り組みます。

それがその仕事に対するお返しです。

やりたい仕事を探すとか、自分が仕事を選ぶというのは、大きな間違いです。

仕事に「面白い」「好き」と感じるのは、すでにその仕事をする才能があるのです。

その仕事が面白くないのは、面白さに気づく才能がなかったということです。

「面白い仕事」と「面白くない仕事」があるの

ではありません。

面白さに「気づける人」と「気づけない人」がいるだけです。

「面白い仕事」と「面白くない仕事」という言い方が、すでに傲慢です。

少なくとも**自分の前に頼まれた仕事があったら、その仕事を一生懸命やって、お返しをすることが大切なのです。**

職人的に
生きるために

「やりたい仕事を探す」というのは、傲慢だ。

気づきポイント

44

面白い仕事はない。面白く仕事をする職人がいるだけだ。

「面白い仕事」と「面白くない仕事」という分け方は、ありません。
「面白く仕事をする職人」がいるだけです。
すべての仕事は一見、反復作業です。
その**単調な仕事に、職人は深さを見出します。**
一見、同じに見えても、実際はみんな違うことに気づくのです。
仕事が面白くなるやり方を見つけていくことが、面白い仕事のやり方です。
3カ月働いて、モチベーションがなくなって、第2新卒になる人がいます。

その原因は、その仕事を面白いと思って入ってきたことです。

たとえば、自衛隊にランボーのようなマッチョな人が入ってきます。

子供の時から自衛隊に憧れていたのです。

この人は3カ月で辞めます。

「思ったのと違う」と、ポッキリ折れてしまいます。

実際に現場で起こる大変なことに耐えられないのです。

東日本大震災のような大きな災害が起これば、ご遺体を片づけるのが自衛隊の仕事です。

こんな事態は、今まで経験してこなかったことです。

しかも、ただ片づければいいというわけではありません。

泥だらけの中から大切なアルバムとかを見つけ出して、洗ってきれいにしたりします。

想像していたランボー的な活躍シーンはありません。

そうなった時に、「いや、これは違う」となるのです。

一方で、ヒョロヒョロで元気のない男が自衛隊に入ってきます。

「なぜ自衛隊に入ったの」と聞くと、「よそはどこも通らなかったので」と言っていました。

「そりゃ通らないだろう、この元気のなさでは」と思います。

そういう人は、どんなピンチでも逃げずに続きます。

最初からこの仕事を面白いと思って来ていないから、せめて面白さを見つけようという姿勢があります。

派手な仕事ほど辞める人が多く、地味な仕事ほど辞める人が少ないのです。

ある意味、お見合い結婚で離婚が少ないのと同じです。

お見合い結婚の人は、恋愛結婚と違って、好きで結婚したわけではありません。

仕方がないから、後から好きなところを見つけようとするのです。

戦争中に結婚した人は離婚が少ないです。

戦死したからではありません。

お見合い結婚が多かったからです。

恋愛結婚は、最初はものすごいプラスから始まります。

それがデメリットを見つけた瞬間に反転して、「思っていたのと違う」ということになるのです。

仕事も、恋愛のように「好き」で見つけるのではなく、目の前に転がってきたものをしていきます。

職人は、面白い仕事のやり方を見つけていくのがうまいのです。

職人的に
生きるために
面白い、
仕事の仕方をしよう。

気づきポイント

45

職人は、質問に答えない。

会社の中で、質問魔の人がいます。

「これはなんですか」

「なんでこうなっているんですか」

「なんのためにやっているんですか」

こういうことは、教えてもうまく伝わりません。

最近、質問魔が増えています。

すぐに「これはどうしてですか」「何が違うんですか」と聞いてくるのです。

これは「Ｙａｈｏｏ！知恵袋」と間違えています。

相手は人間です。

聞けばなんでも答えてくれるわけではありません。

そういう人は「Ｙａｈｏｏ！知恵袋」に聞けばいいのです。

まずは、自分で「これはこうだから、こうではないか」という仮説を立ててみることです。

職人は、その仮説に対して、初めて「いや、そうじゃなくて、こうなんだよ」と、教えてくれます。

これが職人が弟子を育てる方法です。


何か問題があった時に、すぐに答えを聞かないようにします。

自分で「これはこうではないか」「こういう理由でやっているのではないか」という仮説を考えている時に、面白味が見つかります。

誰かに答えを聞いて、答えがすぐ出ても、面白さは何も感じません。

自分の仮説と違う答えが出た時に、「ああ、そういうことか。なるほどね」という

ところに面白さを感じるのです。

最近のパズル本は、進化しています。

昔のパズル本は、問題の裏に答えが書いてありました。

今のパズル本は、答えを見ようとしたら、ヒントが書いてあります。

そこに「○○ページ」と書いてあります。

そのページをあけると答えが出ているのかなと思ったら、「次のヒント」と書いてあるのです。

これでは考えざるをえなくなります。

これが職人の教え方です。

パズルブームは情報化社会に対するアンチテーゼです。

すぐに答えが出る時代になったから、逆に、すぐ

に答えを出さないのです。
数学の好きな子は、答えのついていない問題集を買います。
欲しいのは答えではなく、考え方だからです。
職人が弟子たちに教えるのも、答えではなく、ヒントです。
「ヒント」イコール「考え方」です。
常に自分であれこれ考えることで、その人は成長します。
これが職人が質問に答えない理由です。
面白さは、自分で仮説を出した時に初めて出てくるのです。

職人的に生きるために

質問より、自分の仮説を言う。

気づきポイント

46

「好き」イコール「楽しい」とは限らない。好きなことをするには、覚悟がいる。

好きな仕事や好きなことが見つからないと言う人は、実際は見つけています。好きなことをしてみたら、めんどくさかったり、しんどかったり、楽しくなかったり、うまくいかなかったりしたのです。

それで別の好きなことを探そうとするのです。

これは間違いです。

好きなことは、めんどくさいのです。

それが3回ぐらい続いたら、「おや、どうも好きなことってめんどくさいことなんだな」という法則性を見出します。

これが学び方の知恵としてあるのです。


「好きなことをしたいんだけど、才能があるかどうか不安だ」というのも、よくある相談です。

好きなことに才能はいりませんが、「好きなこと」イコール「楽しいことではない」ということに早く気づいた方がいいのです。

「ラクな仕事は世の中にない」と気づくことが、覚悟です。

覚悟を持つことで、初めて面白味がわかってきます。

どんな仕事でも、しんどいのです。

好きなことを探している人は、結局は楽しいことを探しています。
楽しさは、めんどくささの中にあります。
めんどくささをよけていると、楽しいことに永遠に出会えないのです。

職人的に
生きるために

好きなことは、
楽ではないことを知ろう。

気づきポイント

47

名家は、職人さんに、お茶を出すタイミングがうまい。

植木屋さんが仕事をしている時に、家の人が「お茶が入りましたので、どうぞ」と言う何げないシーンがあります。

私は浅草で羽子板職人をしている水門《すいもん》俊裕《としひろ》さんと知り合いました。

伝統工芸 青山スクエアで実演をしているところを見たのです。

そこでいろいろ教わっている間に友達になって、「ごはんを一緒に食べましょう」という形になったのです。

友達になってもらえたのは、私も染物屋という職人の息子なので、感覚的に近いものがあったし、世代も近かったからです。

水門さんから、職人に関するいろんな話を教わりました。

その1つに、「いいお家は、職人に出すお茶のタイミングが絶妙」という話がありました。

自分が出したい時に出すとか、何時だから出すという出し方ではありません。
「このあたりで出すと、職人さんが手を置きやすいだろうな」というところをはかって出すのです。
その人は、職人の仕事の細かいところはわからないけど、なんとなく気配を感じる能力を持っています。
職人が「エッ、今?」と思うようなタイミングでは出さないのです。

会社のお茶くみが女性蔑視の仕事とされてきた時

代がありました。

お茶くみを茶道と考えると、茶道もサービスも仕事も、タイミングが大切です。

お茶くみのうまい人は、タイミングをはかってお客様にお茶を出すのがうまいのです。

目の前で揚げてくれる串揚げ屋さんは、いいお店ほど、いいタイミングで出してくれます。

串揚げ職人に「どこに一番気を使いますか」と聞くと、

「自分のテンポで揚げるのではなく、お客様の食べるスピードを把握します。接待の時は、接待される側の食べるスピードに合わせます。準備があるので、言われてすぐには出せません。お酒を飲みながらゆっくり食べる人と、お酒を飲まないで、ごはんのおかずとして食べる人ではテンポも変わります。これを見抜くのが一番大切です」

と言っていました。

自分の食べるスピードに合わせて、いいテンポで次が揚がってくるお店は気持ちがいいのです。

海外で、スタッフが食べ物をお箸で口へ運んでくれる店を体験しました。

お客様が自分でお箸を持ってはいけないのです。

これは上手ヘタが見事に分かれます。

上手なスタッフは、次に食べたいものがきちんとわかって、それを取ってくれます。

慣れていないスタッフは、「それじゃないんだけどな」というのを取ったり、まだ口に入っているのに次を運んできたりします。

剣道で言う残心のように、口へ持ってきた時に次のものに目が行くから、こぼれるのです。

『モダンタイムス』に出てくるチャップリンの拷問のようになって、「自分でお箸を持たせて」と言いたくなります。

その一方で、上手なスタッフがつくと、自分がお箸を持っているような気持ちになるのです。

美容院のシャンプーも個人差が大きいです。

うまい人とヘタな人に分かれます。

話がうまいかどうかは関係ありません。

上手な人は、洗ってほしいところ、すすぎ残しのあるところをきちんとわかってくれるのです。

職人的に生きるために

タイミングを、はかろう。

気づきポイント

48

職人は、お客様と共同作業する。

上手なマッサージ師さんは、わざとツボをはずします。
そうすると、お客様が自分で押してほしいところへ体で持っていきます。
この共同作業がピタッとはまった時に、初めてマッサージが完成するのです。
私は20年間、同じスポーツマッサージに通っています。
スポーツマッサージは、けっこう強く押します。
イテテテテと言っている人は、痛いから、押してきたところに対して抵抗します。
マッサージ師さんは、本当は奥の方に指を入れたいのです。
それをいかに受け入れていくかが、お客様の共同作業になります。

駅伝の給水作業は、一軍からはずれたサポートのメンバーが担当します。

サポートメンバーは、走っている人の気持ちがわかります。

給水ボトルを渡す間合い、渡し方、受け取り方、飲む補助の仕方は、自分も走っているからこそわかるのです。

職人の仕事は職人だけでは成り立ちません。

職人と、サービスを受ける側、モノを受け取る側の共同作業になっているのです。

職人的に生きるために

職人さんと、共同作業をしよう。

気づきポイント

49

他者を批判する前に、自分だったらどうするかを考える。

ネットの炎上は、他者の仕事を批判することで起こります。

職人はほかの職人の仕事の悪口を言わないので、炎上は起こりません。

悪口を言わないのは、その仕事に至る手前の事情がわかるからです。

「あのＣＭひどいよね。ダサいよね」と言っている人は、ＣＭをつくったことのない人です。

私はＣＭをつくっていた人間なので、「よくここまでオシャレにできたな」と考えます。

「最初のプレゼンで得意先にいろいろ言われて、ひどい形になったのに、ここまでよく押し戻せたな。そのプロセスは凄いな」と思えるのです。

職人は、できあがったものでは見ていません。

できあがったものを、どうやってここまでたどり着かせたかというところを見ています。

批判する人は、単なるヤジ馬です。

職人は常に当事者意識でいるので、ほかの仕事の難しさに気づけるのです。

今の仕事を辞めて新しい仕事を探す人は、実際に新しい仕事をすると、「ラクそうに見えたんだけど、意外に難しいんですよね」と言います。

それは職人的視点ではありません。

ほかの仕事がラクして儲かる仕事に見えたり、労働時間が短くて楽勝に見えている人は、自分が職人的な仕事をしていないのです。

職人的な仕事をしている人は、ほかの仕事の難しさがわかります。

私の父親は、いろんな職業を見ながら、「この仕事は、こういうところと、こういうところと、こういうところが難しいぞ」と言っていました。

自分がしたことのない仕事の難しさを、仮説を立てて類推できるのが職人です。

世の中にラクな仕事は1つもありません。

世の中にラクに生きている人は一人もいません。

自分の今置かれている環境に不平・不満を持っている人は、どこかにラクな人がいて、自分だけがしんどい思いをしていると感じます。

これが一番しんどいのです。

「みんなしんどいんだな」とわかった瞬間に、自分がその中ではまだマシな方だと思えてきます。

その時、自分のしんどさを乗り越えようという気持ちになれるのです。

職人的に
生きるために

ほかの人の仕事の
難しさを知ろう。

気づきポイント

50

言いわけをすると、楽しくなくなる。

仕事で言いわけをしたくなる時があります。

その人は、切り捨てられたくないという心理が働いて、自分を守ろうとしているのです。

理由の1つは、その仕事を手放したくないからです。

もう1つは、自分が使えないと思われたくないからです。

一種の他者承認の裏返しとして、言いわけが出てくるのです。

言いわけをすればするほど、自己肯定感が下がって楽しくなくなります。

仕事が楽しいのは、自己肯定感が上がっているからです。

うまくいくから自己肯定感が上がるのではありません。

うまくいかなかったとしても、それを自己責任として引き受けて、次の改善につなげていけるのが自己肯定感です。


「自由に仕事をしたい」とか「自由に生きたい」とか言う人がいます。

自由とは自分で責任をとれることです。

「あの人が悪い」とか、究極は「運が悪かった」とか、何かのせいにするのが言いわけです。

言いわけをすればするほど自己肯定感が下がって、その仕事が楽しくなくなるのです。

職人的に生きるために

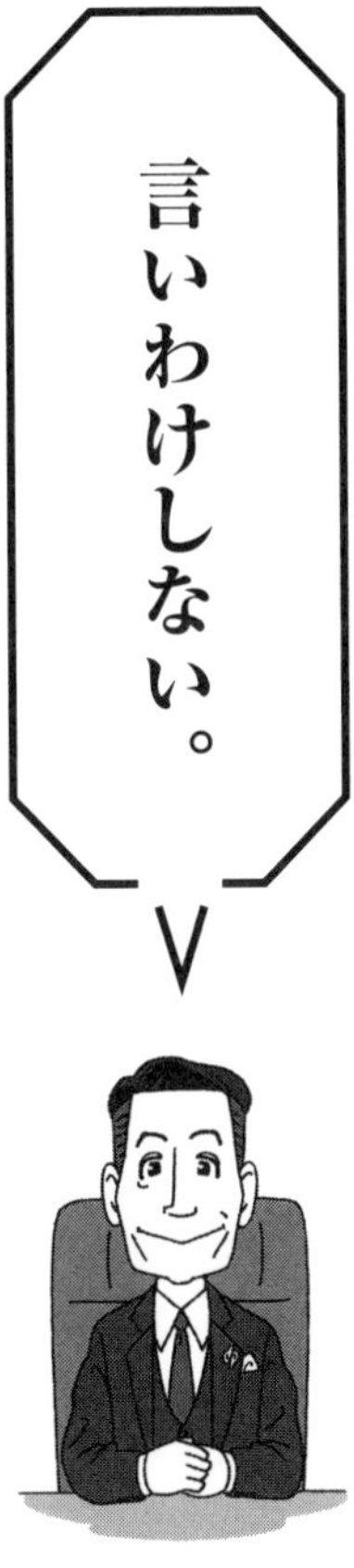

気づきポイント

51

自分が、モノをつくるのではない。モノが生まれてくるのを、邪魔しないだけだ。

ヒット商品で「あれはオレがつくった」と言う人は、たいていつくった人ではありません。

誰かがブレイクすると、「あれはオレが育てた」、有名人の知り合いがいたら、「あの人は私が育てた」「私がアドバイスした」と言うのです。

これは職人が言わない言葉です。

職人は「モノをつくっている」という意識がまったくありません。

モノは生まれてくるだけで、その邪魔をしないようにしているのが職人です。

「あの料理は私がつくった」「あの味はオレがつくった」と言ったとたん、職人ではなくなるのです。

おいしいラーメン屋さんは、つぶれます。
もちろん、まずいラーメン屋さんもつぶれます。

長く繁盛するラーメン屋さんは、おいしくも、まずくもないところです。

ラーメンをつくる人は自分でそれがわかっていて、「おいしく食べてもらえるお客様に来てもらえているだけだ」という謙虚さがあるのです。

職人が謙虚でいられるのは、モノを自分でつくっている意識がないからです。
おいしいラーメン屋さんは、「オレはおいしいラーメンをつくっている」→「この味がわからない客が悪い」という傲慢さが出てきます。

「この見事な作品はオレがつくった」と思った瞬間に、もっとよくしていこうという気持ちがなくなるのです。

そこに油断が生まれます。

人間国宝の染織家・志村ふくみさんは、「色は勝手に出てくるもので、私が出しているのではありません」という謙虚な姿勢でいます。

そういう姿勢でいると、自分の想像以上のものができあがった時に、「こんな面白いことに立ち会えるのはありがたいな」と思えるのです。

コーチも、職人芸です。

選手が金メダルを取った時に、「オレが育てた」と思うコーチと、思わないコーチがいます。

「最初は『こいつはやめた方がいいんじゃないか』と思っていた選手が金メダルを取った。その現場に立ち会えるのはうれしいな」と思えるのが職人的な考え方です。

私が人を育てる時も、最初は全然ダメだった人間が生まれ変わる瞬間に立ち会える喜びがあります。

見事なモノが生まれる現場に当事者として立ち会えることに喜びを感じ、ここに面

白さがあるのです。

自分が何かをつくろうと思っても、そんなに簡単に思いどおりにはいかないものです。

アイデアも、自分がいいアイデアを出しているのではありません。

思ってもいないことが思ってもいない展開になって、結果としてそれがヒットにつながるのです。

職人的に
生きるために

「自分がやった」と、おごらない。

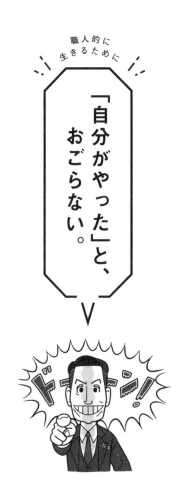

気づきポイント

52

すぐ結果が出ないものほど、面白い。

職人の仕事は、結果が出るのに時間がかかります。

情報化社会は、結果がすぐ出ることが多いのです。

お年玉付き年賀はがきは、1月15日の新聞に当選番号が載ります。

子供のころは、それをチェックするのが楽しみでした。

だんだんそういうものがなくなってきました。

宝くじも、その場でスクラッチで答えが出ます。

結果がすぐ出るものに慣れてしまうと、なかなか結果が出ないものは面白くないのです。

テレビも続き物の視聴率がどんどん下がって、1話完結型が増えています。

本当に面白いものは、すぐに結果が出ないものです。

究極は、一生かかって結果が出ないものが一番面白いのです。

これをしているのが職人です。

子供の代、孫の代まで譲っていって、孫の代で結果が出たらラッキーという感覚です。

結果が出るまでの時間をどんどん延ばしていくところに面白さがあるのです。

職人的に
生きるために

**一生かけても、
できないことを楽しむ。**

気づきポイント

53

譲れない1点以外は、何でも譲る。芸術ではないけど、事務でもない。

職人は頑固というイメージがありますが、実際はかなり融通が利きます。

たとえば、私は、出版社の社長さんや営業さん、編集者さんが決めた本のタイトルをそのまま使います。

私は広告代理店の人間で、コピーをつくったり、新製品のネーミングを考えていました。

ネーミングの大切さがわかっていたので、自分で考えたタイトルを使わないと損だと思っていたのです。

今は、それでやりたいと言う人がいたら、そこにチャンスを与える形で1歩引くようになりました。

博報堂を辞めた後、『経済界』の佐藤正忠主幹に呼ばれて、博報堂で何を学んだかと聞かれました。

私は、「一見ほめるところがないように見えるものでも、必ずほめるポイントがあることを学びました」と答えました。

今、佐藤さんに同じことを聞かれたら、「すべての仕事は、芸術ではないけど事務でもないということを学びました」と答えます。

広告代理店の仕事は、クライアントさんに譲歩もしますが、言いなりでもありません。

言いなりになったら、ただの事務仕事、ただの機械です。

かといって、自分の芸術性を押し通すことはしません。

芸術ではないけど事務でもない。

譲歩はするけど、妥協はしないのです。

譲れるところは譲りますが、譲れないところはどこまでも譲りません。

私はよく、「中谷さんはいろんな仕事をしていますが、本業は何なんですか」と聞かれます。

譲れない1点があって、ほかのところはなんでも譲れるから、いろんな仕事ができるのです。

「だったら、降りる」というのは、一見、かっこいい。

でもそれ以上に、「だったら、こうしましょう」と無限に、プランB、プランCと代替案を出し続けることがかっこいいのです。

妥協しないで、落とし所を探し続ける過程で、相手との信頼関係が生まれていくのです。

職人的に
生きるために

**譲歩はするけど、
妥協はしない。**

おわりに

楽しさは、手間から生まれる。誰も見てくれていない時、神様が見てくれている。

一生懸命やっても評価をされないことがあります。

情報化社会は、他者承認が基準です。

他者承認を受けやすい、「いいね！」を集めやすいのが情報化社会です。

かつては、仕事で「いいね！」と言ってくれるツールもなかったし、ほめてくれる人もなかなかいませんでした。


今は、ほめることが日常化しています。

ほめてもらおうと思えば、ほめてもらえます。

「いいね！」を集めようと思えば、集められます。

フォロワーを増やそうと思えば、増やせます。

フォロワーを買うこともできるのです。

教育では、子供をほめて育てることも浸透してきました。


問題は、ここから先です。

そうなったがゆえに、反動として、ほめてくれない仕事をするモチベーションが湧かなくなったのです。

職人の一番の楽しさは、誰も見てくれていない仕事を、それでもすることです。
見る人がいるからするというのは、職人的な仕事ではありません。
誰も気づかないこと、一人も見ていないことをするのが職人です。
「こんなところを掃除しても誰も気づかない」ということをするのです。

誰も見てくれないひと手間をかける時に、そのひと手間を神様が見ています。
神様といっても宗教的なものではありません。
あなたの一番大切な人のことです。

親のありがたさは、親が亡くなってから気づきます。
私がここで書いている話は、すべて親から教わったことです。

親も代々、おじいさん・おばあさん、ひいおじいさん・ひいおばあさんから教わってきたのです。

誰も見てくれていない時、私はいつも母親が言っていたことを思い出します。

母親は「いいことをしても悪いことをしても、それは神さんが見てくれてはる」と言って、天井のY字になっている角っこを指さします。

私はそこに常に誰かがいる気配を感じました。

仕事をしている時も、常に「今、この仕事を親が見てくれているんだな」と感じています。

手を抜いたことも見られています。

誰も見ていなくても、してもしなくても同じでも、そのひと手間をかけたことは親が見ています。

私は、親が亡くなってからの親孝行のつもりで、親に教わったことをしています。

お客様のためではなく、ご先祖様のためにしているのです。

「結果として誰かに伝わるだろう」というのが、職人的な仕事の仕方です。

「誰かが見てくれている」と思った時に、ありがたいな、うれしいな、面白いな、楽しいなという気持ちになるのです。

長唄鳴物の人間国宝・堅田喜三久さんは、お囃子で誰も気づかないようなちょっとした工夫をして、それで多くの賞を受賞しました。

堅田さんは「見られていないと思っていることほど、見てくれている人もいるんだな」と、喜んでいたそうです。

まさにそうです。

たとえ賞を取れなくても、「今これを見てくれている人が1人でもいる」と思った時に、どんなにたくさんの「いいね！」を集めるよりも、その人の仕事をする喜びになるのです。

中谷彰宏　主な作品一覧

ダイヤモンド社

『60代でしなければならない50のこと』
『面接の達人　バイブル版』
『なぜあの人は感情的にならないのか』
『50代でしなければならない55のこと』
『なぜあの人の話は楽しいのか』
『なぜあの人はすぐやるのか』
『なぜあの人は逆境に強いのか』
『なぜあの人の話に納得してしまうのか［新版］』
『なぜあの人は勉強が続くのか』
『なぜあの人は仕事ができるのか』
『25歳までにしなければならない59のこと』
『なぜあの人は整理がうまいのか』
『なぜあの人はいつもやる気があるのか』
『なぜあのリーダーに人はついていくのか』
『大人のマナー』
『プラス1％の企画力』
『なぜあの人は人前で話すのがうまいのか』
『あなたが「あなた」を超えるとき』
『中谷彰宏金言集』
『こんな上司に叱られたい。』
『フォローの達人』
『「キレない力」を作る50の方法』
『女性に尊敬されるリーダーが、成功する。』
『30代で出会わなければならない50人』
『20代で出会わなければならない50人』
『就活時代しなければならない50のこと』
『あせらず、止まらず、退かず。』
『お客様を育てるサービス』
『あの人の下なら、「やる気」が出る。』
『なくてはならない人になる』
『人のために何ができるか』
『キャパのある人が、成功する。』
『時間をプレゼントする人が、成功する。』
『明日がワクワクする50の方法』

『ターニングポイントに立つ君に』
『空気を読める人が、成功する。』
『整理力を高める50の方法』
『迷いを断ち切る50の方法』
『なぜあの人は10歳若く見えるのか』
『初対面で好かれる60の話し方』
『成功体質になる50の方法』
『運が開ける接客術』
『運のいい人に好かれる50の方法』
『本番力を高める57の方法』
『運が開ける勉強法』
『バランス力のある人が、成功する。』
『ラスト3分に強くなる50の方法』
『逆転力を高める50の方法』
『最初の3年その他大勢から抜け出す50の方法』
『ドタン場に強くなる50の方法』
『アイデアが止まらなくなる50の方法』
『思い出した夢は、実現する。』
『メンタル力で逆転する50の方法』
『自分力を高めるヒント』

『なぜあの人はストレスに強いのか』
『面白くなければカッコよくない』
『たった一言で生まれ変わる』
『スピード自己実現』
『スピード開運術』
『スピード問題解決』
『スピード危機管理』
『一流の勉強術』
『スピード意識改革』
『お客様のファンになろう』
『20代自分らしく生きる45の方法』
『なぜあの人は問題解決がうまいのか』
『しびれるサービス』
『大人のスピード説得術』
『お客様に学ぶサービス勉強法』
『スピード人脈術』
『スピードサービス』
『スピード成功の方程式』
『スピードリーダーシップ』
『出会いにひとつのムダもない』

『なぜあの人は気がきくのか』
『お客様にしなければならない50のこと』
『大人になる前にしなければならない50のこと』
『なぜあの人はお客さんに好かれるのか』
『会社で教えてくれない50のこと』
『なぜあの人は時間を創り出せるのか』
『なぜあの人は運が強いのか』
『20代でしなければならない50のこと』
『なぜあの人はプレッシャーに強いのか』
『大学時代しなければならない50のこと』
『あなたに起こることはすべて正しい』

きずな出版

『チャンスをつかめる人のビジネスマナー』
『生きる誘惑』
『しがみつかない大人になる63の方法』
『「理不尽」が多い人ほど、強くなる。』
『グズグズしない人の61の習慣』
『イライラしない人の63の習慣』
『悩まない人の63の習慣』

『いい女は「涙を背に流し、微笑みを抱く男」とつきあう。』
『ファーストクラスに乗る人の自己投資』
『いい女は「紳士」とつきあう。』
『ファーストクラスに乗る人の発想』
『いい女は「言いなりになりたい男」とつきあう。』
『ファーストクラスに乗る人の人間関係』
『いい女は「変身させてくれる男」とつきあう。』
『ファーストクラスに乗る人の人脈』
『ファーストクラスに乗る人のお金2』
『ファーストクラスに乗る人の仕事』
『ファーストクラスに乗る人の教育』
『ファーストクラスに乗る人の勉強』
『ファーストクラスに乗る人のお金』
『ファーストクラスに乗る人のノート』
『ギリギリセーーフ』

PHP研究所

『自己肯定感が一瞬で上がる63の方法』【文庫】
『定年前に生まれ変わろう』

『メンタルが強くなる60のルーティン』
『中学時代にガンバれる40の言葉』
『中学時代がハッピーになる30のこと』
『もう一度会いたくなる人の聞く力』
『14歳からの人生哲学』
『受験生すぐにできる50のこと』
『高校受験すぐにできる40のこと』
『ほんのささいなことに、恋の幸せがある。』
『高校時代にしておく50のこと』
『お金持ちは、お札の向きがそろっている。』［文庫］
『仕事の極め方』
『中学時代にしておく50のこと』
『たった3分で愛される人になる』文庫
『【図解】「できる人」のスピード整理術』
『【図解】「できる人」の時間活用ノート』
『自分で考える人が成功する』［文庫］
『入社3年目までに勝負がつく77の法則』［文庫］

リベラル社

『メンタルと体調のリセット術』
『新しい仕事術』
『哲学の話』
『1分で伝える力』
『「また会いたい」と思われる人「二度目はない」と思われる人』
『モチベーションの強化書』
『50代がもっともっと楽しくなる方法』
『40代がもっと楽しくなる方法』
『30代が楽しくなる方法』
『チャンスをつかむ 超会話術』
『自分を変える 超時間術』
『問題解決のコツ』
『リーダーの技術』
『一流の話し方』
『一流のお金の生み出し方』
『一流の思考の作り方』
『一流の時間の使い方』

大和書房

『いい女は「ひとり時間」で磨かれる』［文庫］

『大人の男の身だしなみ』
『今日から「印象美人」』［文庫］
『いい女のしぐさ』［文庫］
『美人は、片づけから。』［文庫］
『いい女の話し方』［文庫］
『「つらいな」と思ったとき読む本』［文庫］
『27歳からのいい女養成講座』［文庫］
『なぜか「HAPPY」な女性の習慣』［文庫］
『なぜか「美人」に見える女性の習慣』［文庫］
『いい女の教科書』［文庫］
『いい女恋愛塾』［文庫］
『「女を楽しませる」ことが男の最高の仕事。』［文庫］
『いい女練習帳』［文庫］
『男は女で修行する。』［文庫］

水王舎

『なぜ美術館に通う人は「気品」があるのか。』
『なぜあの人は「美意識」があるのか。』
『なぜあの人は「教養」があるのか。』
『結果を出す人の話し方』

『「人脈」を「お金」にかえる勉強』
『「学び」を「お金」にかえる勉強』

あさ出版

『孤独が人生を豊かにする』
『気まずくならない雑談力』
『「いつまでもクヨクヨしたくない」とき読む本』
『「イライラしてるな」と思ったとき読む本』
『なぜあの人は会話がつづくのか』

すばる舎リンケージ

『仕事が速い人が無意識にしている工夫』
『好かれる人が無意識にしている文章の書き方』
『好かれる人が無意識にしている言葉の選び方』
『好かれる人が無意識にしている気の使い方』

日本実業出版社

『出会いに恵まれる女性がしている63のこと』
『凛とした女性がしている63のこと』
『一流の人が言わない50のこと』

『一流の男　一流の風格』

青春出版社

『50代「仕事に困らない人」は見えないところで何をしているのか』
『50代から成功する人の無意識の習慣』
『いくつになっても「求められる人」の小さな習慣』

自由国民社

『不安を、ワクワクに変えよう。』
『「そのうち何か一緒に」を、卒業しよう。』
『君がイキイキしていると、僕はうれしい。』

現代書林

『チャンスは「ムダなこと」から生まれる。』
『お金の不安がなくなる60の方法』
『なぜあの人には「大人の色気」があるのか』

ぱる出版

『品のある稼ぎ方・使い方』
『察する人、間の悪い人。』
『選ばれる人、選ばれない人。』

毎日新聞出版

『あなたのまわりに「いいこと」が起きる70の言葉』
『なぜあの人は心が折れないのか』
『一流のナンバー2』

DHC

『会う人みんな神さま』ポストカード
『会う人みんな神さま』書画集
『あと「ひとこと」の英会話』

河出書房新社

『成功する人のすごいリアクション』
『成功する人は、教わり方が違う。』

ユサブル

『迷った時、「答え」は歴史の中にある。』
『1秒で刺さる書き方』

大和出版

『自己演出力』
『一流の準備力』

海竜社

『昨日より強い自分を引き出す61の方法』
『一流のストレス』

リンデン舎

『状況は、自分が思うほど悪くない。』
『速いミスは、許される。』

文芸社

『全力で、1ミリ進もう。』【文庫】
『贅沢なキスをしよう。』【文庫】

総合法令出版

『「気がきくね」と言われる人のシンプルな法則』
『伝説のホストに学ぶ82の成功法則』

学研プラス

『読む本で、人生が変わる。』

WAVE出版

『リアクションを制する者が20代を制する。』

二見書房

『「お金持ち」の時間術』【文庫】

ミライカナイブックス

『名前を聞く前に、キスをしよう。』

イースト・プレス

『なぜかモテる人がしている42のこと』【文庫】

第三文明社

『仕事は、最高に楽しい。』

中谷 彰宏

AKIHIRO NAKATANI

1959年、大阪府生まれ。早稲田大学第一文学部演劇科卒業。84年、博報堂入社。CMプランナーとして、テレビ、ラジオCMの企画、演出をする。91年、独立し、株式会社中谷彰宏事務所を設立。「中谷塾」を主宰し、全国で講演・ワークショップ活動を行っている。

「本の感想など、どんなことでも
あなたからのお手紙をお待ちしています。
僕は本気で読みます。」

中谷彰宏

〒110-0002
東京都台東区上野桜木2-16-21
株式会社かざひの文庫
編集部気付　中谷彰宏　行

※食品、現金、切手などの同封は、ご遠慮ください。

中谷彰宏　公式サイト

https://an-web.com/

中谷彰宏は、盲導犬育成事業に賛同し、この本の印税の一部を（公財）日本盲導犬協会に寄付しています。

そのひと手間《てま》を、誰《だれ》かが見《み》てくれている。

職人的《しょくにんてき》生《い》き方《かた》のススメ

著者　中谷彰宏《なかたにあきひろ》

2021年9月28日　初版発行

発行者　磐﨑文彰
発行所　株式会社かざひの文庫
〒110-0002　東京都台東区上野桜木2-16-21
電話／FAX 03(6322)3231
e-mail : company@kazahinobunko.com
http://www.kazahinobunko.com

発売元　太陽出版
〒113-0033　東京都文京区本郷3-43-8-101
電話03(3814)0471　FAX 03(3814)2366
e-mail : info@taiyoshuppan.net
http://www.taiyoshuppan.net

印刷・製本　株式会社 光邦

装丁　BLUE DESIGN COMPANY
イラスト　鈴木勇介

©AKIHIRO NAKATANI 2021,Printed in JAPAN
ISBN978-4-86723-049-7